Das Katzenbuch für Kids

Das Katzenbuch für Kids

Sarah Whitehead
Fotos von Jane Burton

KOSMOS

Aus dem Englischen übersetzt von
Dr. Wolfgang Hensel.

Titel der Originalausgabe: Kitten Caring for Kids.
Erschienen bei Thalamus Publishing, Ludlow, England.
ISBN der Originalausgabe 0-7641-2039-5

Umschlaggestaltung von eStudio Calamar
unter Verwendung eines Farbfotos von
Juniors Bildarchiv (Ulrike Schanz)

Bildnachweis
Alle Aufnahmen in diesem Buch stammen von Jane Burton und Kim Taylor/Warren Photographic.

An die Eltern

Dieses Buch richtet sich an Kinder aller Altersstufen. Es soll sie ermuntern, aktiv an der Erziehung und Pflege eines Kätzchens teilzunehmen.

Vielen Kindern fällt es leicht, mit Tieren zu kommunizieren. Durch den Umgang mit ihnen erlernen sie verschiedene Verhaltensweisen, den Wert von Freundlichkeit und Mitgefühl.

Die Übungen in diesem Buch sollen sowohl Ihrem Kind wie der Katze Spaß machen. Dennoch müssen Sie ein Auge auf Ihr Kind und sein neues Kätzchen haben. Es wäre gut, wenn Sie das Buch zusammen mit Ihrem Kind lesen und die Fortschritte überwachen.

Die Kästen „An die Eltern“ geben jeweils spezielle Tipps.

Wenn Sie das Gefühl haben, dass sich die Katze merkwürdig verhält – insbesondere gegenüber Kindern – sollten Sie einen Tierarzt aufsuchen.

Für die deutsche Ausgabe:
2. Auflage 2008

ISBN 978-3-440-11453-7
Redaktion: Jutta Eymann, Claudia Sträb
Satz: TypoDesign, Kist
Printed in China / Imprimé en Chine
Druck und Binden: CT Printing Limited, China

Inhalt

Einleitung

Endlich ist es so weit – heute bekommst du ein eigenes Kätzchen! Wenn du es liebst, pflegst und dich um es kümmerst, wird es dich und deine Familie viele Jahre lang lieben und euch viel Freude bereiten.

Katzen sind außergewöhnliche Tiere. Sie sind faszinierende Haustiere und trotzdem wild geblieben. Wenn du die Entwicklung deiner Katze genau beobachtest, viel mit ihr spielst und ihr beim erwachsen werden hilfst, kannst du ihren Charakter formen. Vielleicht gehört ein eigenes Tier zu den schönsten Erfahrungen, die du machen kannst. Freue dich an dem winzigen Fellbündel, das sich aufmacht, die Welt zu erkunden – schon bald wird dein Kätzchen erwachsen sein!

Die Entwicklung einer Katze im Vergleich zum Menschen

Kätzchen 2–4 Wochen
Kind 1–3 Jahre

Die Zähmung eines wilden Tieres

Von Anfang an wird dein Kätzchen sowohl Haustier wie kleiner Tiger sein. Katzen lieben es, mit den Menschen zu schmusen, sich auf ihren Schoß zu legen, und freuen sich über leckeres Futter. Dürfen sie jedoch ins Freie, verwandeln sie sich in wilde Tiere, die sogar Beute jagen können.

Wahrscheinlich stammt unsere Hauskatze von einer wilden afrikanischen Katze ab (ihr lateinischer Name ist *Felis sylvestris lybica*). Sie sehen mit ihrem getigerten Fell unseren Hauskatzen recht ähnlich.

Obwohl Katzen schon seit mehr als 4000 Jahren mit den Menschen zusammenleben, haben sie sich kaum verändert. Während die Menschen viele Hunderassen gezüchtet haben – große und kleine, mit unterschiedlichen Ohren, Augen und Fell –, ist ihnen das bei den Katzen nicht gelungen. Rassekatzen unterscheiden sich nur in Farbe und Länge des Fells oder in der Form von Kopf und Schwanz.

Kätzchen 12–18 Wochen
Kind 11–13 Jahre

Kätzchen 4–8 Wochen
Kind 4–6 Jahre

Kätzchen 8–12 Wochen
Kind 7–10 Jahre

Kätzchen 5–9 Monate
Kind 14–16 Jahre

Kätzchen 9–12 Monate
Kind 17 Jahre bis
erwachsen

Die Entwicklung deiner Katze

Katzen wachsen viel schneller als Menschen. In nur sechs Monaten erreichen sie ihre endgültige Größe. Dann rennen, springen, jagen und benehmen sie sich schon wie eine erwachsene Katze, während ein Menschenbaby weder laufen noch reden und nicht einmal krabbeln kann. Wie würde es dir gefallen, so schnell zu wachsen?

Geburt bis zwei Wochen

Die winzigen Katzenbabys werden blind und taub geboren. Sie können sich nur warmhalten, indem sie sich an ihre Mutter und Geschwister kuscheln. Ohne ihre Mutter würden sie nicht überleben. Dennoch haben schon Katzenbabys einige bemerkenswerte Fähigkeiten. Schau dir nur an, wie groß ihre Nase im Verhältnis zum Gesicht ist! Sie werden zwar erst im Alter von drei Wochen so gut riechen können wie eine erwachsene Katze, aber schon jetzt erkennen sie ihre Mutter an ihrem Geruch.

Kätzchen können von Geburt an schnurren. Damit zeigen sie ihrer Mutter, dass sie sich wohl fühlen. Auch ältere Katzen schnurren noch, wenn sie uns sagen wollen, dass sie zufrieden sind.

Zwei bis vier Wochen

Erst mit 17 Tagen können die Kätzchen richtig laufen. Zwar versuchen sie schon vorher, auf eigenen Beinen zu stehen, doch meist werden sie getragen. Ihre Mutter packt sie vorsichtig am Nackenfell und trägt sie umher. Dabei machen sich die Kätzchen automatisch steif und bleiben ruhig.

Nach etwa zwei Wochen bekommen sie die ersten Zähnchen. Im Alter von drei bis vier Wochen lernen sie von ihrer Mutter, ein Katzenklo zu benutzen. Außerdem spielen die Kleinen nun miteinander, zuerst langsam und unbeholfen,

Weiblich – männlich
Weibliche Katzen werden Katzen, männliche Kater genannt. Denke dir einen hübschen Namen für deine/n Katze/Kater aus.

Katzenmütter packen ihre Kinder am Nackenfell und tragen sie umher.

Alle Kätzchen spielen gern.
So lernen sie die Welt kennen.

doch schon bald jagen sie den Schwanz ihrer Mutter und greifen sich gegenseitig an.

Wenn sie drei bis vier Wochen alt sind, beginnen sie, sich spielerisch zu beißen. Dann lernen sie, was weh tut und was nicht.

Schon die neugeborenen Kätzchen schnurren, wenn sie zufrieden sind.

Vier bis acht Wochen

In der vierten oder fünften Woche werden die Katzenbabys entwöhnt. Von nun an trinken sie keine Milch mehr, sondern essen feste Nahrung und werden immer selbständiger. In diesem Alter können Kätzchen rennen und springen, klettern und schon ziemlich gut balancieren. Außerdem säubern sie ihr Fell, belecken ihre Geschwister und helfen ihnen bei der Fellpflege. Jetzt lernen sie sehr viel über ihre Umwelt. Mit vier bis acht Wochen sollten sie alles kennen lernen, was ihnen in ihrem Leben als Haustier begegnen wird. Katzen, die in diesem Alter nicht viel Neues sehen, andere Tiere wie Hunde treffen oder vielen Menschen begegnen, bleiben oft scheu oder werden schnell nervös.

Mit sieben bis acht Wochen sind die meisten Kätzchen so selbständig, dass sie ihre Mutter und Geschwister verlassen können. Nur die Rassekatzen bleiben gewöhnlich bei ihrer Mutter, bis sie zwölf Wochen alt sind.

Acht bis zwölf Wochen

Sobald ein Kätzchen in sein neues Heim mit neuen Menschen umzieht, wird es die Wohnung als sein Revier kennzeichnen (markieren). Dazu reiben Katzen ihre Wangen gegen die Möbel, Wände und sogar Menschen!

Bis eine Katze nach draußen darf – sie muss zuerst alle Impfungen bekommen haben –, ist die Wohnung ihre ganze Welt.

Katzenbabys werden blind und hilflos geboren, wachsen und entwickeln sich aber sehr schnell.

Kleine Katzengeschichte
Archäologen haben in Ägypten Katzen aus der Zeit der Pharaonen ausgegraben, die schon so aussahen wie unsere heutigen Hauskatzen. Die Forscher fanden sogar Katzenmumien in den Gräbern ihrer königlichen Besitzer.

Auch dein Kätzchen ist ein großer Jäger – selbst wenn es nur Spielsachen fängt.

Wahrscheinlich wird sie nun versuchen, alles zu erkunden: Offene Türen, Schränke, sogar Taschen findet sie besonders interessant. Diese kurze Zeitspanne ist für die Katze wie für ihre Besitzer besonders schön. Es macht zwar viel Arbeit, sich um ein Kätzchen zu kümmern, es ist aber auch ein großer Spaß zu sehen, wie der kleine Tiger seine Welt erobert.

Obwohl eine kleine Katze schon fast so muskulös wie eine erwachsene ist, braucht sie noch viel Erfahrung, ehe sie Höhen, Geschwindigkeit und Entfernung abschätzen kann. Sie lernt, wie man auf Möbel und über Lücken springt, wie man durch eine zufallende Tür schlüpft oder ein Spielzeug packt. Die meisten Katzen beschäftigen sich stundenlang damit, im Spiel zu lauern und anzugreifen.

Drei bis sechs Monate

Im Alter von drei Monaten kann sich deine Katze schon ganz alleine durch-

Katzen gehen gerne draußen auf Entdeckungsjagd. Dort können sie rennen, springen und spielen.

schlagen und wird sich auch außerhalb des Gartens auf Entdeckungsreise begeben. Katzen haben einen sehr guten Ortssinn; auch dein Kätzchen findet sicher wieder heim. Um ihr Revier zu markieren, verspritzt sie ihren Urin – das riechen die anderen Katzen und sie selbst hat einen Wegweiser zurück nach Hause.

Etwa mit sechs Monaten ist deine Katze ausgewachsen. Jetzt kommt die Zeit, wo sie vom Tierarzt kastriert werden muss, sonst gibt es unerwünschten Nachwuchs.

Inzwischen fühlt sich deine Katze bei euch wohl und ist zu einem anerkannten und geliebten Familienmitglied geworden. Sie sollte deiner ganzen Familie und deinen Freunden vertrauen und gerne zum Spiel bereit sein. Junge Katzen lernen leichter als ältere, daher kannst du ihr nun beibringen, auf ihren Namen zu hören. Vielleicht übt ihr auch ein paar Tricks ein.

Sechs bis zwölf Monate

Jetzt ist deine Katze erwachsen. Die meisten erwachsenen Katzen scheinen faul zu sein, weil sie am Tag mehrere Stunden schlafen, dafür sind sie in der Dämmerung und in der Nacht umso aktiver. Auch wenn dein Kätzchen jetzt ausgewachsen ist, sollest du täglich mit ihm spielen. Obwohl es äußerlich erwachsen ist, bleibt es sein Leben lang ein verspieltes kleines Kätzchen.

Das kann deine Katze

1 Riechen und Schmecken

Riechen

Katzen werden blind und taub geboren, können aber von Geburt an den Speichelgeruch ihrer Mutter erkennen, denn sie „wäscht“ alle ihre Babys, indem sie die Kleinen mit der Zunge ableckt.

Nach dem Sehen ist das Erkennen von Düften der wichtigste Sinn einer Katze. Das liegt daran, dass sich Katzen über größere Entfernungen verständigen müssen. In der Wildnis bleibt jede Katze für sich allein. Sie treffen sich nur zur Paarungszeit oder wenn es große Mengen an Beute gibt – danach geht jeder wieder seiner Wege. Die übrige Zeit leben Katzen allein, hinterlassen aber Duftbotschaften für ihre Artgenossen.

Am Duft des Urins erkennen andere Katzen, wer dort gewesen ist. Das Gleiche gilt für den Geruch aus Drüsen am Katzenkörper – vor allem zwischen den Zehen und an den Wangen. Reibt sich also eine Katze an einem Baum, den Möbeln oder an dir, hinterlässt sie eine Visitenkarte mit ihrem Duft! Wir Menschen können diesen Duft nicht riechen, andere Katzen aber sehr wohl. Nur aus dem Duft erfahren sie einiges über die andere Katze, die sie vielleicht noch nie getroffen haben.

Katzen, die zusammenleben, zeigen sich ihre Freundschaft, wenn sie miteinander schmusen, zusammen schlafen und sich gegenseitig waschen. Man nennt dies auch „Duft-Austausch“, denn beide Katzen verbinden ihren eigenen Duft zu einem gemeinsamen Geruch. Sicher wird dir auffallen, dass auch dein Kätzchen versucht, einen „Familienduft“ zu erzeugen – sie wird euch so lange „markieren“, bis ihr gleich riecht. Dann fühlt sie sich sicher und wohl. Du solltest dich also freuen, wenn sich deine Katze an dir und den Möbeln reibt. Mit dem Geruchssinn verfolgen Katzen auch ihre Beute und finden sich draußen zurecht.

Katzen haben ungeheuer feine Nasen. Düfte sind ein wichtiger Teil ihres Lebens.

Schon ganz junge Kätzchen können hervorragend riechen und schmecken.

So funktioniert die Nase
Im Innern der Katzennase liegt eine sehr empfindliche Riechhaut. In der Luft befinden sich winzige Duftpartikel, die von der Katze mit eingeatmet werden. Diese winzigen Duftpartikel lösen sich in der Feuchtigkeit von Nase und Mund auf und werden von der Oberfläche dieser Riechhaut aufgenommen.
Von der Riechhaut fließt die Information dann zu einem speziellen Teil des Gehirns, wo alles verarbeitet wird. Erst jetzt weiß die Katze, was sie gerochen hat.

Versteckte Düfte
Eine Katze erkennt andere Katzen und uns Menschen viel besser mit der Nase als mit den Augen. Wenn du auf einmal anders riechst, wird dich deine Katze zuerst nicht erkennen, weil stark duftende Seife oder Deodorants deinen eigenen Körpergeruch überdecken. Jedes Mal, wenn du nach Hause kommst, versucht deine Katze zu erschnüffeln, welche Düfte du heimbringst. Dann reibt sie so lange ihre Wangen an deinen Beinen, bis du wieder wie ein Familienmitglied duftest.

Schmecken

Wir wissen nicht viel über den Geschmack einer Katze, vor allem, weil wir sie nicht fragen können. Manche sind sehr wählerisch und mögen nur eine ganz bestimmte Art von Futter, andere probieren alles Mögliche und essen so erstaunliche Dinge wie Wolle oder Gummi! Wahrscheinlich können Katzen salzig, bitter und sauer unterscheiden. Allerdings scheinen sie Süßes kaum erkennen zu können.

Niemand weiß, wie einer Katze ihr Futter schmeckt, aber diese scheint es zu genießen! Viele Katzen sind sehr wählerisch mit ihrem Futter, daher musst du ausprobieren, welches ihr am besten schmeckt.

2 Sehen

Nach etwa zehn Tagen öffnen Katzenbabys ihre Augen.

Bei der Geburt sind die Augen der Katzenbabys fest geschlossen. Nach etwa 7–10 Tagen öffnen sie ihre Augen, können aber wahrscheinlich noch nicht besonders gut sehen. Alle Kätzchen werden mit blauen Augen geboren, doch die Augenfarbe verändert sich später.

Das Auge einer Katze ist perfekt. Sie sehen zwar nicht so scharf wie wir, bemerken dafür aber aus großer Entfernung noch die kleinste Bewegung.

Außerdem können sie im Dämmerlicht viel besser sehen als wir. Sie sind eben Jäger, die ihre Beute im schwachen Licht der Morgen- oder Abenddämmerung aufspüren. Ihr Auge ist so gebaut, dass es alles verfügbare Licht einfängt – Katzen können im Dämmerlicht sechsmal besser sehen als wir.

Die Pupille der Katze ist sehr anpassungsfähig. Durch dieses schwarze Oval in der Augenmitte fällt das Licht durch. Bei Dunkelheit öffnet es sich weit, damit kann viel Licht ins Auge fallen. Ist es sehr hell, wird die Pupille schmal wie ein Schlitz, so wird die Katze nicht geblendet. Die Form der Pupille zeigt sogar die Stimmung deiner Katze an!

Das dritte Augenlid

Im Unterschied zu den Menschen haben Katzen ein drittes Augenlid. Normalerweise kannst du dieses dünne Häutchen nicht sehen, denn es wird unter den normalen Augenlidern quer über das Auge gezogen. Nur wenn deine Katze krank ist, wird dieses Augenlid im Augenwinkel sichtbar. Es ist also ein sicheres Zeichen, dass du mit deiner Katze zum Tierarzt musst.

➔ So funktioniert das Auge
Das Auge ist eine mit Flüssigkeit gefüllte Kugel. Es sitzt in einer Knochenhöhle des Kopfes und wird von Fettpolstern und starken Muskeln geschützt, die gleichzeitig das Auge bewegen. Wie bei uns wird das Auge durch Lider verschlossen, immer dann, wenn etwas die Schnurrhaare oder Wimpern berührt. Das Zwinkern hält die Augen feucht und ist auch ein Teil der Katzensprache.

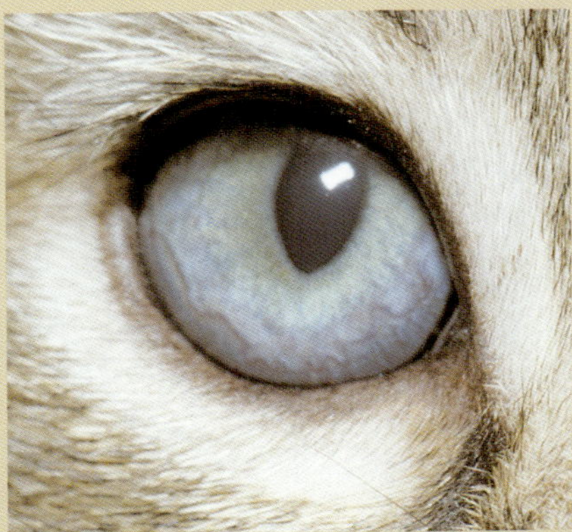

Hinter dem Auge liegt eine besondere Schicht, die *tapetum lucidum* genannt wird. Sie wirkt wie ein Spiegel und kann Licht reflektieren, das direkt ins Katzenauge fällt. Wird eine Katze direkt von einem Blitzlicht oder einem Scheinwerfer getroffen, scheinen ihre Augen zu glühen. Diesen Trick haben Erfinder genutzt und das „Katzenauge“ erfunden, ein reflektierendes Rotlicht für Fahrradrücklichter oder als Straßenbegrenzung.

Viele Jahre hatten die Forscher geglaubt, Katzen würden nur Schwarz-Weiß sehen. Heute wissen wir jedoch, dass Katzen zwischen Rot, Blau und Weiß unterscheiden.

Katzenaugen reflektieren das Licht, daher können sie in der Dämmerung sehen.

3 Hören

Ein Blick auf die ständig gespitzten Ohren zeigt es: Katzen können hervorragend hören. Mit dem Gehör spüren sie ihre Beute auf und können sogar die Ultraschalltöne hören, die unterirdisch lebende Nagetiere erzeugen. Wir haben keine Chance, diese Laute jemals zu hören.

Neugeborene Kätzchen können kaum hören, doch das ändert sich rasch. Sie lauschen auf das Schnurren und Miauen ihrer Mutter und Geschwister und erkennen daran, wo sie sich aufhalten.

➔ Einzigartige Ohren
Es gibt nur eine einzige Katzenrasse, die völlig verschieden geformte Ohren im Vergleich zur restlichen Katzenwelt hat – die Scottish Fold Katzen. Sie haben als einzige deutlich nach vorne gefaltete und nicht – wie alle anderen Katzen – aufrechte Ohren. Dennoch scheinen sie gut hören zu können.

Katzen können sowohl hohe wie tiefe Töne hören. Bei den hohen Tönen schlagen sie uns Menschen und Hunde locker (sie schaffen etwa 1,5 Oktaven höher als wir). Tiefe Töne hören sie etwa so wie Menschen, sie können aber genauer feststellen, wo ein Ton herkommt.

Spätestens wenn sich dein Kätzchen an einen normalen Tagesablauf gewöhnt hat, wirst du merken, wie gut es hört. Versuche einmal, eine Dose mit Katzenfutter zu öffnen, ohne dass dein hungriger Tiger dies bemerkt – das ist völlig unmöglich, außer deine Katze schläft gerade tief und fest!

Katzen können ihre

Diese Devon Rex Katzen haben riesige Ohren und Elfengesichter.

So funktioniert das Ohr

Wir sehen vom Ohr nur die äußere Ohrmuschel. Sie kann bewegt werden, fängt den Schall ein und leitet ihn zum Trommelfell, das gut geschützt im Schädel sitzt. Unterschiedliche Lautstärken und Tonhöhen bringen das Trommelfell jeweils anders zum Schwingen. Dabei entsteht ein Signal, das zum Mittelohr geleitet wird. Hier sitzen drei Hörknöchelchen, die wie ein Hebelsystem zusammenarbeiten und den Schall auf das innere Ohr übertragen.
Von dort wird ein Signal in das Gehirn gesandt, das die Katze erkennen kann.

oben: Die Ohren sind nach vorn gerichtet, die Katze ist aufmerksam.
Unten: Weiße Katzen werden manchmal taub geboren.

Ohrmuscheln frei bewegen. Sie können beide gespitzt nach vorne zeigen, unabhängig voneinander bewegt und flach auf den Kopf gelegt werden. Die Stellung der Ohren ist ein wichtiger Hinweis auf die Stimmung deiner Katze.

Einige Katzen werden taub geboren. Vor allem bei weißen Katzen kommt dies vor, besonders wenn sie blaue Augen haben. Andere Katzen können erst im Alter nichts mehr hören, aber selbst taube Katzen kommen gut zurecht. Sie lernen, sich auf andere Sinne zu verlassen.

4 Tasten, Wärme und Kühlung

Die wahrscheinlich empfindlichsten Teile des Katzenkörpers sind nicht von Fell bedeckt: Pfotenballen und Nase. Die Nase einer Katze reagiert empfindlich auf Wärme und Berührung, und mit den Pfoten erkundet sie neue Gegenstände.

Der Schnurrbart der Katze

Der Schnurrbart besteht aus langen, steifen Haaren beiderseits der Nase. Die Schnurrhaare wirken wie Antennen, mit denen eine Katze Gegenstände erspüren kann, noch ehe sie mit dem Körper anstößt. Vor allem in der Dunkelheit ist ein solcher Bart nützlich, denn selbst wenn die Augen versagen, hat eine Katze immer noch ihre Schnurrhaare, um sich den Weg zu ertasten.

Auch der übrige Katzenkörper reagiert auf Berührungen – jede Katze hat ihre Lieblingsstellen. Fast alle Katzen können es aber nicht leiden, wenn man sie an empfindlichen Stellen wie Nase und Pfotenballen berührt.

Der Schnurrbart einer Katze ist sehr empfindlich. Sie mag es gar nicht, wenn du ihn berührst.

Kätzchen kuscheln sich aneinander, weil sie die Wärme brauchen.

Temperatur

Katzen reagieren empfindlich auf Wärme und Kälte. Jeder Katzenbesitzer weiß, dass sie warme Plätzchen lieben. Sie finden immer den besten Platz, um sich in der Wärme zusammenzurollen – auch wenn das dein Lieblingsplatz sein sollte! Obwohl sich Katzen in der Wärme der Wohnung sichtlich wohl fühlen, macht ihnen kaltes Wetter nichts aus. Sie können bei niedrigen Temperaturen ins Freie und jagen sogar im

Sonnenbrand

Einige Katzen – vor allem weiße – brauchen bei heißem Wetter deine Hilfe, denn sie können an den Spitzen ihrer Ohren oder der Nase Sonnenbrand bekommen. Da sich daraus eine ernste Krankheit entwickeln kann, musst du sie mit Sonnencreme auf Nase und Ohren (wenn sie weiß oder rosig aussehen) einreiben, bevor sie in die Sonne gehen.

Nackte Katzen

Die meisten Katzen unterscheiden sich im Fell. Länge und Art der Fellhaare sind sogar der wichtigste Unterschied zwischen den Rassen. Es gibt Langhaar- und Kurzhaarkatzen und eine ganz besondere Rasse hat überhaupt keine Haare.

Die Sphinxkatze geht auf ein einziges, 1966 geborenes Kätzchen zurück, das kein Fell hatte. Inzwischen ist es den Züchtern gelungen, daraus eine nackte Rasse zu züchten, die im Winter vor Kälte und im Sommer vor der Sonne geschützt werden muss.

Schnee. Allerdings hassen die meisten Katzen Regen und werden nicht gerne nass. Es gibt aber ein bis zwei Rassen, die sogar freiwillig schwimmen gehen!

Bei sehr heißem Wetter müssen sich auch Katzen abkühlen. Sie suchen sich ein schattiges Plätzchen und strecken sich aus. Da sie nur an den Pfotenballen schwitzen können, hinterlässt eine überhitzte oder verängstigte Katze feuchte Fußspuren! Katzen kühlen sich auch ab, wenn sie hecheln und gründlich ihr Fell ablecken. Der Speichel verdunstet und kühlt den Körper ab.

oben: Bei sehr heißem Wetter hecheln Katzen zur Abkühlung.
unten: Die Türkisch Van Katze geht gerne schwimmen!

5 Bewegung und Balance

Katzen sind elegant, muskulös und stark. Ihre Körper sind perfekte Jagdmaschinen. Sie können schnell rennen, springen, klettern und Beute anspringen.

Springen

Katzen können hervorragend springen, bis zu fünfmal höher als ihre eigene Größe. Schau deinem Kätzchen beim Spiel zu und du wirst sehen, wie gut es springt.

Zuerst schaut sich eine Katze genau an, wie sie ihr Ziel erreichen kann. Sie schätzt Entfernung und Höhe und „berechnet" den Sprung. Dann hebt sie ab, wie ein Hochspringer, und landet leicht und sicher auf dem Ziel – ganz egal wie schmal das ist.

Der Sprung zurück ist eine andere Sache. Die meisten Katzen versuchen, die Höhe zu verkürzen, indem sie mit den Vorderbeinen so weit wie möglich nach unten krabbeln und dann erst mit den Hinterbeine abspringen. Obwohl sie kraftvolle Jäger sind, ruhen sich

oben: Ein kraftvoller Sprung.

rechts: Katzen können ausgezeichnet klettern – passt gut auf, Vögel!

Katzen meistes aus. Sie gehen lieber langsam, als zu rennen, und schlafen bis zu 23 Stunden am Tag, um Energie zu sparen.

➔ Klettern
Katzen sind Kletterkünstler. Dabei schlagen sie ihre Krallen in die Oberfläche von Bäumen oder Zäunen, um Halt zu finden. Besonders beliebt sind Stoffe, daher klettern manche Kätzchen gerne an Gardinen oder Möbeln hoch. Du solltest nicht lachen oder dein Kätzchen sogar ermuntern, denn sonst wird auch deine erwachsene Katze an Möbeln hochklettern und sie beschädigen.
In selten Fällen bleiben Katzen auf Bäumen oder Leitungsmasten stecken. Dann müssen ihnen die Besitzer zu Hilfe kommen. Warte aber zur Sicherheit etwas ab, bevor du Hilfe organisierst. Es gibt Katzen, die finden solche Rettungsaktionen ziemlich lustig. Sie lieben es, wenn sie von ihrem Besitzer „gerettet" werden, obwohl sie doch ganz leicht selbst heruntersteigen könnten!

Krallen

Die Krallen einer Katze sind raffiniert konstruiert. Sie können nach Belieben eingezogen werden und nutzen sich daher beim Laufen nicht ab. Sobald eine Katze ihre Krallen aber braucht – zum Klettern oder Festhalten von Beute –, werden diese scharfen Waffen ausgefahren. Nun verstehst du, warum ein Kätzchen mit Samtpfoten spielen kann und wenig später mit scharfen Krallen eine Maus fängt.

Fallen

Alle Katzen haben eine bemerkenswerte Fähigkeit: Sie können sich während des Falls umdrehen und landen immer auf ihren Füßen. Mitten in der Luft drehen sie zuerst den Kopf nach oben, danach richten sie den Körper mit den Beinen nach unten aus. Bei der Landung machen sie einen Buckel, das federt den Stoß ab.

Obwohl dieser Umdrehreflex eine wichtige Schutzreaktion ist, sterben dennoch immer wieder Katzen, die aus zu großer Höhe abspringen. Achte daher darauf, dass dein Kätzchen nicht aus einem Fenster oder von einem Balkon abstürzt. Wenn eure Wohnung höher als der erste Stock sein sollte, bitte deine Eltern, ein Sicherheitsnetz oder ein Gitter einzubauen.

Der Umdrehreflex bewirkt, dass fallende Katzen immer auf den Füßen landen.

Das braucht deine Katze

Jede Katze braucht ein paar wichtige Dinge. Wenn sie groß, stark und fit werden sollen, muss sie essen, trinken und regelmäßig zum Tierarzt gehen.

Dein Kätzchen braucht einen eigenen Wasser- und Futternapf.

Futter und Wasser

Am Anfang gibst du deinem neuen Kätzchen dieselbe Nahrung, die es beim Züchter bekommen hat (ihm gehört die Katzenmutter). An die ist es gewöhnt, daher bekommt es in seinem neuen Heim nicht gleich Bauchschmerzen.

Ganz wichtig ist immer frisches Wasser. Dein kleiner Tiger muss wissen, wo es steht. Wechsele das Wasser mindestens einmal pro Tag, damit es frisch bleibt.

Schutzimpfungen und Krankheiten

In der großen, weiten Katzenwelt außerhalb von eurer Wohnung gibt es viele Krankheiten, deshalb muss deine Katze durch Impfungen geschützt werden. Der Tierarzt gibt ihr einige Spritzen in den Hals oder das Hinterbein – das tut nicht weh. Auch wenn deine Katze krank ist, musst

Schutzimpfungen sind sehr wichtig.

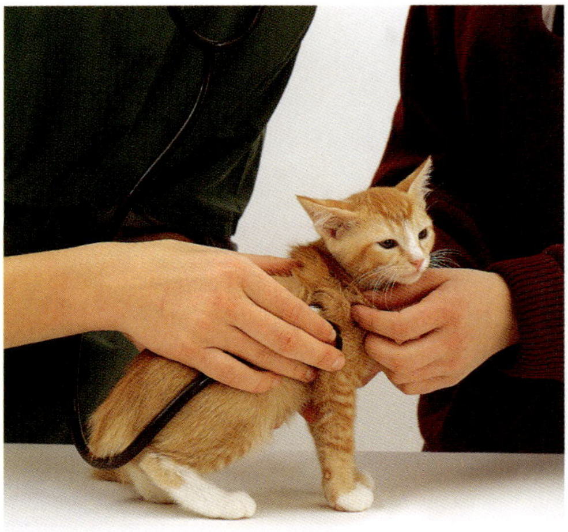

Wenn sich deine Katze nicht wohl fühlt, geh sofort zum Tierarzt und lass sie untersuchen.

Ordnung muss sein!
In jeder Wohnung gibt es viele Dinge, die eine Katze krank machen können. Es macht einer Katze Spaß, mit Kopfschmerztabletten, Reinigungsmitteln und sogar Tonbandkassetten zu spielen. Dies ist sehr gefährlich – verschluckt die Katze Medikamente oder trinkt von Haushaltsreinigern, dann kann sie krank werden oder sogar daran sterben! Daher sollten alle gefährlichen Dinge, vor allem Medikamente, ordentlich weggeräumt werden.

du mit ihr zum Tierarzt gehen. Er kann sie gründlich untersuchen, erkennt, was ihr fehlt, und weiß auch genau, wie er deiner Katze helfen kann.

Fühlt sich deine Katze nicht wohl, dann solltest du besonders sanft mit ihr umgehen. Vielleicht mag sie nicht mehr spielen oder interessiert sich weder für Futter noch für Spielzeug. Jedes Mal, wenn du das Gefühl hast, es geht ihr wirklich nicht gut, muss sie zum Tierarzt.

Deine Katze könnte krank sein, wenn...
- sie nichts essen will.
- sie würgt oder sich erbricht.
- sie häufiger als sonst zum Katzenklo geht.
- sie mehr trinkt als sonst.
- sie müde ist, sich nicht bewegt und nicht spielen will.
- sie sich nicht mehr putzt.
- man das dritte Augenlid sehen kann (Seite 14).

Das braucht deine Katze
- Futter und Futternäpfe
- Wasser und Wassernapf
- Weiche Bürste
- Bett oder Kiste mit Decke
- Reisekäfig
- Katzenklo mit Streu
- Schutzimpfungen
- Einen Besitzer, der sie liebt!

Stelle deiner Katze an einem ruhigen Platz in der Wohnung einen eigenen Napf hin.

In einem weichen, kuscheligen Bett fühlt sich jede Katze zu Hause.

Bett

Am besten suchst du für dein Kätzchen ein Bett aus, das nur ihm allein gehört. So wird es sich in den ersten Nächten viel sicherer fühlen.

Katzenbetten gibt es aus verschiedenen Materialien und in unterschiedlichen Formen. Am Anfang reicht ein stabiler Pappkarton. Damit sich dein Kätzchen einkuscheln kann, legst du eine weiche Decke oder einen alten Pullover hinein.

Wenn du aber lieber ein Bett für deinen kleinen Tiger kaufen möchtest, achte darauf, dass es sich gut reinigen lässt. Katzen mögen versteckte Schlafplätze und rollen sich gerne zusammen, daher sind Schlafplätze mit einem Eingangsloch, wie ein Iglu, nicht schlecht.

Vor der Heizung ist es wohlig warm.

Katzenklo

Auch wenn deine Katze später ins Freie darf, muss sie so lange im Haus bleiben, bis alle Schutzimpfungen durchgeführt wurden. Daher braucht sie ein Katzenklo in der Wohnung. Da die meisten Katzen sehr sauber sind, gewöhnen sie sich schnell an ihr Klo, wenn sie wissen, wo es steht.

Es gibt viele verschiedene Modelle. Die Bodenschale sollte auch bei kleinen Katzen groß genug sein, damit sie darin scharren können. Einige Katzenklos sind seitlich und vorne geschlossen. Die Katze gelangt durch eine Türklappe ins Innere und ist dort völlig ungestört. Außerdem wird die Streu nicht im Zimmer verteilt.

Die Streu sollte recht fein und ein Naturprodukt – z.B. auf Tonbasis – sein, das auf dem Komposthaufen (Biomüll) entsorgt werden kann. Viele Katzen ziehen solche Streu synthetischen Materialien vor. Als saubere Tiere haben Katzen gerne ein sauberes Klo; am besten ist es, wenn du die verschmutzte Streu mehrmals täglich entfernst.

Spielzeuge und Spiele

Alle Kätzchen spielen gerne. Beim Spielen entwickelt sich die Freundschaft zwischen dir und deinem Tier. Versuche, jeden Tag einige Zeit mit deinem Kätzchen zu spielen. Sicher findest du heraus, welche Spielzeuge es am liebsten mag (siehe Seite 52 und 53), dann habt ihr beide euren Spaß.

Verreisen

Deine Katze muss sich daran gewöhnen, Auto zu fahren, damit du sie zum Tierarzt bringen kannst. Zu ihrer eigenen Sicherheit gehört sie dabei in einen Transportkorb. Es reicht nicht aus, wenn du sie auf deinem Arm festhältst. Wenn sie sich erschrickt und springt, kann sie sich weh tun oder sogar weglaufen.

Fast alle Katzen hassen Autofahrten nur aus einem Grund: Sie wissen genau, jetzt geht es zum Tierarzt! Sobald sie den Transportkorb sehen und in den Wagen müssen, glauben sie, es würde ihnen etwas Schreckliches geschehen.

Du kannst deinem Kätzchen helfen, diese Angst zu überwinden. Stelle den Transportkorb in der Wohnung ab, sodass sie ihn ständig sieht. Auf diese Weise gewöhnt sich die Katze an den Korb und er gehört bald zu ihrem Leben dazu.

Vielleicht benutzt ihr den Korb sogar für Spiele. Deine Katze kann sich daran reiben, bis der Korb ihren Geruch angenommen hat – jetzt riecht er viel besser. Wenn du regelmäßig mit deiner Katze übst, wirst du staunen, wie bereitwillig deine Katze nun in den Korb geht. Vielleicht macht ihr sogar das Autofahren Spaß.

oben: Katzen schlafen gerne in einem Versteck.
unten: Du brauchst unbedingt einen sicheren Transportkorb.

Im Freien

Erst wenn deine Katze alle Schutzimpfungen bekommen hat, darf sie ins Freie. Vielleicht wollt ihr eine Katzentür einbauen, die wie eine Klappe funktioniert? Katzen sind klug, sie lernen rasch, wie eine solche Tür funktioniert und können dann kommen und gehen, wie sie es mögen (siehe Seite 64 und 65).

Wenn in eurer Gegend viele Katzen wohnen, könnten andere Katzen die Katzentür benutzen. Es gibt aber einen magnetischen „Schlüssel“, der am Halsband eurer Katze befestigt wird. Nun kann sie als Einzige die Klappe öffnen.

Stubenreinheit

Katzen sind von Natur aus saubere Tiere. An ihre Toilette stellen sie große Ansprüche. Wenn du dein Kätzchen beobachtest, findest du leicht heraus, ob ihm alles recht ist.

Das Katzenklo

Die einfachste Version besteht aus einer oben offenen Plastikschale. Man kann sie zwar gut sauber machen, aber manche Katzen lieben es, Chaos zu veranstalten: Sie scharren in der Streu herum und verteilen sie auf dem Boden rund um ihr Klo. Wenn deine Katze zu diesen „Chaoten" gehört, wäre ein geschlossenes Katzenklo besser geeignet.

oben: Es gibt verschiedene Arten von Streu. Trage immer Handschuhe, wenn du das Klo reinigst.

nächste Seite: Manche Katzen fühlen sich in einem geschlossenen Katzenklo wohler.

unten: Stell das Katzenklo an einen ruhigen Platz, dein Kätzchen soll es ungestört benutzen können.

Die Streu

Fast alle Katzen lieben lockere Streu, in der sie scharren können. Sie ist weich, bildet Klümpchen, wenn sie feucht ist und lässt sich gut säubern. Besonders gut sind Körnchen auf Tonbasis geeignet.

Es gibt auch Streu mit Duftkörnchen oder Deodorants. Die meisten Katzen mögen solche Streu nicht, weil sie für ihre empfindlichen Nasen viel zu stark riechen.

Wie viele Katzenklos?

Jede Katze braucht ihr eigenes Katzenklo.

Wohin mit dem Katzenklo?

Versuche, dich in deine Katze hineinzuversetzen. Wir würden auch nicht gerne auf der Toilette essen! Oder stelle dir vor, dir würde ständig jemand zusehen, wenn du auf der Toilette bist – das gleiche gilt für Katzen.

Das Katzenklo gehört an einen ruhigen Ort. Es sollte weder in der Nähe des Futterplatzes noch nahe am Schlafkörbchen stehen. Deine Katze darf sich nicht erschrecken, wenn sie ihr Klo benutzt – halte andere Katzen und Haustiere, besonders Hunde, von dort fern!

Säubern des Klos

Das Katzenklo muss immer sauber sein. Trage Gummihandschuhe beim Reinigen und wasche dir anschließend die Hände.

So wird deine Katze stubenrein

Vielleicht will deine Katze das neue Katzenklo zuerst nicht benutzen, daher musst du versuchen, sie daran zu gewöhnen. Hebe sie einmal pro Stunde vorsichtig hinein und warte ab. Lobe sie, wenn sie ihr Klo benutzt, und rede freundlich auf sie ein. Irgendwann geht sie von sich aus hin und wird ihr Katzenklo regelmäßig benutzen.

Du darfst dein Kätzchen aber nicht bestrafen, wenn es aus Versehen in die Wohnung macht. Die Strafe kann sie so ängstlich machen, dass sie sich von nun an nur noch in einem Versteck erleichtert. Habe etwas Geduld mit deinem Liebling. Will er es gar nicht lernen, kannst du mit deinem Tierarzt reden.

An die Eltern

Sofern die Katze gesund ist und regelmäßig eine Wurmkur bekommt, besteht selbst bei engem Kontakt kein Gesundheitsrisiko für Menschen.
Dennoch sollten schwangere Frauen nicht mit der verschmutzten Streu in Berührung kommen. Ist dies unumgänglich, sollten Sie Gummihandschuhe tragen, damit vermeiden Sie das Risiko einer Ansteckung mit Toxoplasmose. Da Katzen aller Altersstufen gerne Sand als Toilette benutzen, sollten Sie den Sandkasten Ihrer Kinder stets abgedeckt halten. Sonst besteht die Gefahr, dass er verschmutzt wird.

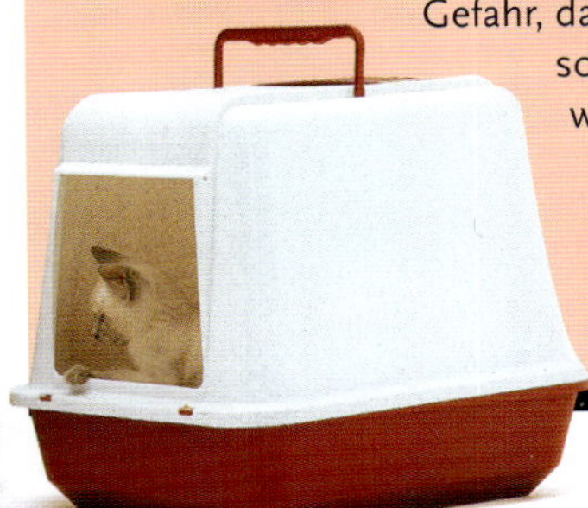

Was macht meine Katze da?

Die Katze spielt verrückt

Warum macht sie das?

Manche Katzen benehmen sich plötzlich wie verrückt. Sie springen mit wildem Gesichtsausdruck hoch und rasen durch das Zimmer. Dann stolzieren sie breitbeinig umher, gehen seitlich und machen einen Buckel. Sie stellen den Schwanz bogenförmig auf und legen die Ohren an.

Das kannst du tun

Vielleicht kommt dir dieses Verhalten komisch vor, für deine Katze ist das ganz normal. Gelegentlich fällt es mit der Fütterungszeit zusammen. Wenn deine Katze sich etwa ein bis zwei Stunden nach dem Essen so verhält, dann bekommt sie nicht das richtige Futter. Versuche ein anderes Futter, dann hört sie manchmal damit auf.

Die Katze macht einen Buckel und geht breitbeinig: Gleich wird sie verrückt spielen.

Andere Katzen benehmen sich so, weil sie zu viel Energie haben. In der Wildnis müssen sich Katzen jede Mahlzeit erjagen und das Anschleichen und Jagen kostet viel Energie. Achte einmal darauf, was dein Tiger macht – vielleicht versucht er, die Möbel zu jagen!

Indem sie durch die Wohnung jagen, bauen sie die Energie ab, die wilde Katzen bei der Jagd aufbrauchen.

Meistens hört solch ein verrücktes Verhalten auf, wenn deine Katze regelmäßig ins Freie darf. Dabei muss sie sich mehr anstrengen und kann sogar richtig auf die Jagd gehen. Katzen, die immer im Zimmer bleiben müssen, spielen eher verrückt.

Gelegentlich stellen sich Katzen wild an, weil sie dann von ihrem Besitzer beachtet werden; das kann zu einer richtigen Manie werden. Katzen können lernen, dass alle Menschen zusehen und lachen, wenn sie wie verrückt im Zimmer umherrast. Was aber noch schlimmer ist, manche Katzen beißen und kratzen Menschen, weil die Aufregung, das Kreischen und Schreien dann noch stärker wird.

Jedes Mal, wenn Katzen merken, dass ihr Verhalten eine große Reaktion hervorruft, werden sie es wiederholen. Sicher ist es lustig, wenn ein Kätzchen versucht, an der Gardine hochzuklettern oder deine Knöchel anzugreifen, aber was ist, wenn diese Katze erwachsen ist? Wenn dein Kätzchen sich besonders aufregt, solltest du es ignorieren. Steh einfach auf und verlasse den Raum. Deiner Katze wird es bald keinen Spaß machen, alleine herumzutollen.

Auf Vogeljagd

Warum jagen Katzen Vögel?

Katzen sind Jäger. Sie können so gut jagen, dass sie auch bei gutem Futter und Pflege den Drang verspüren, hinter schnellen Objekten oder Tieren herzujagen. Es gibt Katzen, die werden so stark vom Jagdfieber gepackt, dass sie ihren Futternapf verlassen und irgendetwas jagen. Wenn deine Katze hinter einem Vogel her ist, benimmt sie sich keinesfalls grausam oder böse – dafür sind Katzen nun einmal gemacht.

Wenn Katzen verrückt spielen, zeigen sie eine erstaunliche Kraft und Beweglichkeit. Dieses Verhalten darf allerdings nicht außer Kontrolle geraten.

Das kannst du tun

Wenn dein kleiner Tiger gerne auf die Jagd geht, dann biete ihm Spielzeuge an, die er hetzen kann. Verfolgt er Schnüre mit angebundenen, flatternden Federn, dann verbraucht er viel Energie im Spiel und nicht bei einer echten Jagd.

Manche Besitzer bringen Glöckchen am Halsband ihrer Katze an, um Vögel und kleine Tiere zu warnen. Katzen lernen aber bald, sich so vorsichtig anzuschleichen, dass kein Ton zu hören ist!

Katzen können hoch in die Luft springen, um Vögel zu fangen – oder ein Spielzeug.

Tiere mitbringen

Warum bringen Katzen Beute mit?

Katzen, die im Garten oder hinter dem Haus Vögel, Mäuse oder andere, größere Tiere erbeuten, bringen sie als Geschenk für ihren Besitzer nach Hause. Vielleicht gefällt dir dieser Gedanke nicht besonders, aber die Katze verhält sich so wie in der Natur.

Eine Katze lernt schon in sehr jungem Alter, wie man Beute macht – sogar ganz junge

Katzen sind Jäger; sie können sich anschleichen, jagen und Beute machen.

Kätzchen sind schon gute Jäger, wenn du sie jagen lässt. Wenn Katzen ihre Jagdbeute nach Hause schleppen und es dir zeigen, dann beweisen sie dir damit, dass du zur Familie gehörst. Auch wenn du das sehr unangenehm findest, solltest du deiner Katze nicht böse sein. Sie will ihre Beute mit ihrer Familie teilen.

Manche Katzen bringen ihre Beute als „Geschenk" mit nach Hause – nicht angenehm für uns, aber für eine Katze ganz natürlich.

Das kannst du tun

Manchmal bringt eine Katze lebende Tiere ins Haus. Es kann also passieren, dass sie eine Maus in eurer Küche frei lässt! Es bleibt dir nichts anderes übrig, als eine Falle aufzustellen, in der die Maus lebend und unverletzt gefangen wird. Danach kannst du sie wieder ins Freie entlassen.

Lecken

Warum lecken sich Katzen?

Katzen sind sehr sauber und halten Haut und Fell in bester Verfassung. Das schaffen sie, weil sie sich regelmäßig mit Zunge und Pfoten wie mit einer Bürste kämmen.

Die Katzenzunge ist wirklich perfekt für diese Aufgabe geeignet. Sicher hat dein Kätzchen schon einmal deine Hand geleckt? Dann weißt du, dass ihre Zunge ganz rau ist. Ihre Oberfläche trägt feine Höcker, manche sind sogar geformt wie winzige Widerhaken. Damit entfernen sie lose Haare und Schmutz aus ihrem Fell.

Jedes Fleckchen wird gesäubert! Nur wenn sich dein Kätzchen ständig putzt, solltest du den Tierarzt aufsuchen.

Katzen säubern sich mit ihrer rauen Zunge. Nur für einige Stellen nehmen sie ihre angefeuchtete Pfote zu Hilfe.

Da Katzen eine sehr lange Zunge haben, können sie fast alle Stellen ihres Körpers erreichen. Manchmal müssen sie sich dazu allerdings gehörig verrenken! Nur ihr Gesicht und die Stellen hinter den Ohren können sie nicht direkt sauber lecken. Dazu befeuchten sie die Seiten ihrer Pfoten und reiben sich gründlich sauber.

Das kannst du tun

Eigentlich ist es eine gute Sache, wenn sich dein Kätzchen pflegt. Manchmal säubern sich Katzen und Kätzchen allerdings nur, weil sie sich dann sicherer fühlen. Das ist so ähnlich wie bei Kindern, die nervös an ihren Nägeln kauen. Andere Katzen beginnen sich zu lecken, wenn sie verlegen sind. Es ist nicht bekannt, ob sich Katzen schämen können, aber manche benehmen sich genau so. Wenn sie einen Fehler gemacht haben, z.B. wenn sie beim Sprung heruntergefallen sind, oder wenn sie sich vor etwas erschreckt haben, was sie jeden Tag sehen.

Treteln und Sabbern

Warum treteln und sabbern kleine Katzen?

Wenn sich dein neuer Spielgefährte gut eingewöhnt hat, wird er dich als seine Familie betrachten. In seinen Augen bist du nun die Mutter, denn du gibst ihm Futter, Sicherheit, Wärme und einen Schlafplatz.

Manche Kätzchen fühlen sich dann wieder wie ein Katzenbaby

➔ Futter verscharren

Manchmal versuchen Katzen, die Reste ihre Futters zu vergraben. Dann kratzen sie auf dem Boden der Wohnung herum. Wilde Katzen graben ein flaches Loch, verstecken ihre Beute und scharren sie wieder zu, damit niemand anderes sie findet. Unsere Katzen brauchen kein Futter zu verscharren, haben es aber noch nicht verlernt.

Sehr junge Kätzchen fühlen sich wohl, wenn sie weichen Stoff zerkratzen dürfen; ältere Katzen würden aber die Möbel beschädigen.

bei seiner Mutter. Wenn du mit ihnen kuschelst und sie sich richtig wohl fühlen, dann beginnen sie zu sabbern und „treteln" mit den Pfoten. Ihre richtige Mutter hat ihnen dann immer Milch gegeben.

Das kannst du tun

Es gibt Katzenbesitzer, die mögen dieses Verhalten und finden es niedlich. Andere können es nicht leiden. Wenn sich deine Katze zu sehr wie ein Baby verhält, solltest du mit ihr weniger schmusen und mehr Bewegungsspiele machen.

Kratzen

Warum kratzen Katzen?

Alle Katzen müssen kratzen. Im Freien benutzen sie Baumstämme und Zaunpfähle, in der Wohnung aber Möbel, Teppiche und auch Treppen.

Das Kratzen erfüllt zwei Aufgaben: Da die Krallen einer Katze ständig wachsen, löst sich die jeweils äußere Schicht ab und wird entfernt. Das Kratzen hilft der Katze, diese Schicht abzustreifen.

Außerdem hinterlässt eine Katze Duftbotschaften beim Kratzen. Zwischen den Pfotenballen sitzen Duftdrüsen. Wenn sie irgendwo kratzen, hinterlassen alle Katzen ein unsichtbares Zeichen. Andere Katzen riechen das und wissen, wer hier gewesen ist.

„Aua!" Es kann weh tun, wenn eine Katze beim „Treteln" ihre scharfen Krallen gebraucht.

Das kannst du tun

Wenn deine Katze immer in der Wohnung lebt, braucht sie einen Kratzbaum. Er muss allerdings hoch genug sein: Steht deine Katze auf den Hinterbeinen, darf sie mit ausgestreckten Vorderbeinen noch nicht das Ende erreichen.

Am besten sind Kratzbäume, die mit Sisalschnur oder Baumrinde verkleidet sind. Teppiche sind nicht so gut, denn dann glaubt dein Kätzchen, es darf auf allen Teppichen kratzen.

Manche Katzen kratzen lieber auf dem Boden. Denen solltest du ein Brett besorgen, auf dem sie sich austoben können. Das Holz darf aber nicht splittern, denn die Splitter können in den Pfoten stecken bleiben.

Sobald deine Katze beginnt, an Möbeln zu kratzen, ziehe sie weg und decke die Stelle mit Kunststoff- oder Alufolie ab, damit sie es nicht gleich noch einmal versuchen kann.

➔ Fernsehen

Vielleicht sieht deine Katze gerne fern. Eine Katze nimmt die Fernsehbilder anders wahr als du, aber sie kann bewegte Bilder sehen und vor allem Vögel oder andere Tiere erkennen, die fliegen oder hohe Töne ausstoßen. Manchmal glauben sie so fest an die Echtheit der Bilder, dass sie um den Fernseher herumlaufen, um das Tier zu suchen.

➔ Am Fenster

Viele Katzen lieben es auch, am Fenster zu sitzen und das Geschehen draußen zu verfolgen. Wird der Fensterplatz noch gemütlich und warm gestaltet, wird ihn dein Kätzchen sicher öfters aufsuchen, um Vögel oder andere Tiere zu beobachten.
Am besten ist es natürlich, wenn du mit deiner Katze spielen kannst, wenn sie gerade Unterhaltung sucht.

Den Schwanz jagen

Warum jagen Kätzchen ihren Schwanz?

Katzen rennen leidenschaftlich gerne hinter allem her, was sich bewegt. Kätzchen, die ihre Schwanzspitze entdecken, können regelrecht ausflippen und sich wie verrückt im Kreis drehen, um ihn zu fangen.

An einem Kratzbaum kann sich dein Tiger die Krallen viel besser schärfen.

Zuerst finden es alle Kätzchen spannend, ihren eigenen Schwanz zu jagen, doch dann spielen sie lieber mit Spielzeug.

Das kannst du tun

Kätzchen, die versuchen ihren eigenen Schwanz zu jagen, sehen sehr niedlich aus. Versuche aber dennoch, sie dabei nicht zu unterstützen. Katzen lernen schnell, wie sie Aufmerksamkeit erregen können, und dann kann die dauernde Jagd auf den eigenen Schwanz rasch störend und für die Katze sogar schmerzhaft werden – wenn sie zu fest zubeißt.

Blumenbeete umgraben

Warum buddeln Kätzchen?

Da Katzen sehr sauber sind, scharren sie ihren Kot und Urin zu. Zuerst buddeln sie ein Loch, benutzen es als Toilette. Dann scharren sie Erde darüber, um alles zu verstecken.

Das kannst du tun

Wenn sich dein Kätzchen angewöhnt hat, das Lieblingsblumenbeet deiner Eltern zu benutzen, zäune es mit einem Netz ein. Es hat keinen Zweck, wenn du das Kätzchen ausschimpfst, denn dann geht es vielleicht draußen gar nicht mehr auf die Toilette.

Buckel machen

Katzen machen einen Buckel, wenn sie Angst haben, sich bedroht fühlen oder wenn sie sich strecken wollen.

Dass sich deine Katze fürchtet, kannst du leicht erkennen: Sie richtet den Buckel gerade nach oben, hebt den Schwanz an und sträubt das Fell, damit sie möglichst groß und gefährlich aussieht. Auf diese Weise hofft sie, ihren Gegner so zu beeindrucken, dass er sich zurückzieht. Ist die Bedrohung verschwunden, beruhigt sie sich wieder und ihr Fell wird glatt.

Freundschaft, Sicherheit und Respekt

Obwohl Katzen in der Freiheit ganz gut allein zurechtkommen, sind sie als Haustiere auf deine Liebe und Freundschaft angewiesen. Es gibt von Natur aus liebevolle Katzen, die ständig bei ihrem Besitzer bleiben und gerne gestreichelt und geknuddelt werden. Andere sind unabhängiger, sie sind ab und zu draußen auf Abenteuer aus. Wie ist dein Kätzchen? Es kommt vor, dass sich eine Katze besonders eng an eine Person in der Familie, eine andere Katze oder einen Hund anschließt.

Möchtest du, dass sie mit dir genauso befreundet ist wie mit ihren pelzigen Genossen? Dann musst du dich anstrengen: Verbringe viel Zeit mit ihr allein – vergiss aber die anderen Haustiere nicht, wenn ihr welche habt.

Es ist aufregend und macht Spaß, seine Zeit mit einer neuen Katze zu verbringen. Doch dann wird sie größer, du musst dich um die Schule und deine Freunde kümmern, und vielleicht fühlt sie sich dann einsam

oben: Dieses Kätzchen ist rundum zufrieden.
links: Manche Katzen lassen sich gerne halten und streicheln, andere wollen lieber spielen.

Verspielt und abenteuerlustig: Verbringe jeden Tag etwas Zeit mit deiner Katze.

und verlassen. Eine Katze braucht dich jeden Tag: Du musst sie streicheln, füttern und mit ihr spielen, nur dann fühlt sie sich wohl – manchmal reichen schon ein paar Minuten am Tag.

Respekt

Jede gute Freundschaft baut auf Respekt auf. Versuche, deine Katze zu verstehen und auch dann freundlich zu bleiben, wenn sie andere Pläne hat als du. Es wird immer wieder vorkommen, dass du gerne spielen, deine Katze aber lieber schlafen möchte. Oder du musst dringend deine Hausaufgaben machen, während deine Katze unbedingt spielen will.
Denke immer daran: Deine Katze kann nicht verstehen, was du sagst, also musst du geduldig sein. Wenn sie dich wirklich stört, dann bringe sie aus dem Zimmer und schließe die Tür. Allerdings darfst du deine Katze niemals bewusst ärgern, sie am Schwanz ziehen oder jagen. Verboten sind auch Anbrüllen, ihr einen Klaps geben oder an ihr herumzerren – all dies tut ihr weh und macht ihr Angst.

Wie wir alle haben auch Katzen gute und schlechte Tage, nur können sie uns nicht erzählen, dass sie sich mies fühlen und einfach nur schlafen wollen.

Vorsicht mit den Händen

Deine Hände sollten für die Katze Sicherheit und Freude bedeuten. Daher darfst du deine Katze niemals schlagen, sonst bekommt sie Angst vor deinen Händen. Auch Jagdspiele, bei denen sie deine Hand angreift oder dich anspringt solltest du niemals mit deiner Katze spielen.
Es gibt eine Menge Erwachsene, die es sehr bereuen, Spielchen gemacht zu haben, bei denen die Hand die „Beute" war. Das mag bei Katzenbabys noch niedlich aussehen, bei ausgewachsenen Katzen kann es gefährlich sein. Schnell könntest du dir Kratzer und Wunden zuziehen.

Kleine und große Katzen wollen sanft und ruhig gestreichelt werden.

Sozialisation

Umgang mit Menschen

Stelle dir vor, du wärest eine kleine Katze. Wie sähen dann die Menschen aus? Riesen, mit donnernden Stimmen, merkwürdigen Bewegungen und komischem Geruch. Kein Wunder, dass sie sich zuerst vor uns fürchtet. Je mehr sie über Menschen lernen, desto eher verschwindet ihre Angst.

Sich an Menschen verschiedener Größe, Alters und Aussehen zu gewöhnen, nennt man Sozialisation. Nur wenn dein kleiner Tiger viele Menschen kennen lernt und mit ihnen spielt, bevor er zu alt wird, merkt er sich: Wir sind keine Bedrohung. Das sollte im Alter zwischen fünf und zwölf Wochen geschehen, also zu einer Zeit, wenn die meisten Kätzchen noch bei ihrer Mutter sind.

Auch wenn dein kleiner Tiger schon an Menschen gewöhnt ist und scheinbar unerschrocken und kühn in die Welt schaut, solltest du ihm noch viele Menschen zeigen. Versuche dir vorzustellen, wie manche Menschen auf eine Katze wirken: Was ist mit einem bärtigen Mann, wenn deine Katze bisher nur Frauen und Kinder gesehen hat? Auch ein Kind mit einem Hut oder ein Opa mit einem Stock muss in den Augen der Katze merkwürdig und bedrohlich wirken.

Am besten, du bittest jeden Besucher, einige Zeit mit der Katze zu spielen. Sie können ihr

Durch das Spiel wird dein Kätzchen selbstbewusster.

Zeige dein neues Kätzchen all deinen Freunden. Je mehr Menschen es sieht, desto besser.

auch eine Belohnung geben, dann merkt die Katze, dass es Spaß macht, mit Menschen zusammen zu sein.

Deine Katze fürchtet sich vor Menschen

Vielleicht kommt deine neue Katze von einem Züchter, der ihr bis zum Alter von sechs Wochen keine anderen Menschen vorgestellt hat, oder aus einem Tierheim, wo sie kaum Menschen gesehen hat. Solche Katzen sind oft sehr ängstlich, wenn sie neue Menschen sehen, manche rennen weg, wenn Besucher ins Haus kommen. Es kann sogar sein, dass die Katze Angst vor dir hat.

Geht es deiner Katze so? Dann ist es ganz wichtig, dass du sie nicht zwingst, Kontakt mit anderen Menschen zu haben. Sie braucht einfach mehr Zeit, sich an Menschen zu gewöhnen. Du darfst ihr weder folgen und sie streicheln, noch sie aus einem Versteck zerren.

Mit Futter und Spielzeugen kannst du solchen Katzen helfen, ihre Angst zu verlieren. Hat sie Angst, wenn deine Freunde zu Besuch kommen? Dann bitte sie, mit der Katze zu spielen, oder ihr etwas Leckeres zu geben. Kaum eine Katze kann widerstehen, wenn man vor ihrem Versteck eine Schnur vorbeizieht!

Warte ab, bis sie sich heraustraut, und lass sie in Ruhe. Es hat keinen Zweck, sie sofort zu streicheln, sie muss zuerst die fremde Person beobachten und an ihr schnuppern. Manche Katzen tun so, als wäre niemand da, auch das ist ein Trick, mit dem sie sich beruhigt.

Nur wenn eine nervöse Katze von sich aus zu dir kommt, darfst du sie streicheln, egal wie lange es dauert. Schließlich bekommt deine Katze immer mehr Selbstvertrauen. Jetzt kannst du auch mehr Freunde einladen und zusehen, wie dein kleiner Tiger immer mutiger wird.

Locke deine Katze mit Futter und Spielzeugen an – laufe ihr nicht hinterher.

Eingewöhnung

In der Wildnis sehen Katzen niemals so komische Dinge wie Waschmaschinen, Staubsauger oder Fernseher! Von Anfang an muss sich daher eine junge Katze an all diese merkwürdigen Dinge, Geräusche und Gerüche in ihrem neuen Zuhause gewöhnen – nur so wird sie nicht ständig erschrecken.

Da neugierige, junge Kätzchen vor nichts Angst haben, kann man sie leicht an verschiedene Dinge gewöhnen. Die meisten gehen ohnehin gerne auf Erkundungstour durch ihr neues Heim. Du musst nur darauf achten, dass ihr in der Wohnung oder dem Garten nichts passiert.

Kätzchen brauchen Zeit, sich an neue Dinge zu gewöhnen – auch an andere Katzen!

Das sieht deine Katze

Aus der Sicht einer Katze gibt es in Wohnungen einige merkwürdige Dinge. Stell dir vor, du würdest zum ersten Mal jemanden mit einem Sturzhelm sehen oder zuzuschauen und hören, wie jemand einen Fön benutzt! Sicher kannst du dir gut vorstellen, warum manche Kätzchen erst einmal weglaufen – sie brauchen einige Zeit, bis sie merken, dass solche Dinge ungefährlich sind.

Gewöhne dein Kätzchen jeden Tag an neue Dinge und Anblicke, Düfte und Geräusche.

Belohnungen
Wenn sich deine Katze erschrickt, solltest du sie nicht beruhigen, sondern abwarten. Sobald sie sich wieder traut, darfst du sie streicheln und sie unheimlich loben, weil sie so mutig war.

Sicherheit geht vor
Manche Katzen geraten auf ihren Entdeckungsreisen in Schwierigkeiten. Sieh dir eure Wohnung und den Garten mal aus Sicht einer Katze an. Kann sie aus Versehen in einem Schuppen oder einer Garage eingeschlossen werden oder irgendwo stecken bleiben? Gartenteiche müssen mit einem Netz abgedeckt werden und über Regentonnen gehört ein fester Deckel. Katzen können zwar schwimmen, aber ein Kätzchen schafft es nicht, aus einer Tonne oder einem tiefen Teich zu krabbeln. Schließlich wird es müde und könnte ertrinken.
Achte auch darauf, dass deine Katze nicht an Medikamente, Chemikalien und Reinigungsmittel gelangen kann. Viele Katzen finden den starken Duft von giftigen Substanzen anziehend und werden dann krank, wenn sie davon probieren.

Das hört deine Katze

Katzen können außerordentlich gut hören, daher empfinden sie selbst leise Töne als laut und lärmend. Eine junge Katze muss die normalen Geräusche in einer Wohnung – redende Menschen, Fernseher, Telefon, Musik und so weiter – immer wieder hören, bis sie sich daran gewöhnt hat.

Das riecht deine Katze

Katzen können sehr gut riechen. Nach einiger Zeit unterscheiden sie jedes Familienmitglied an seinem Duft. Nur wenn eine Katze in Kontakt mit vielen verschiedenen Menschen kommt, verliert sie ihre Angst vor unbekannten Menschen (siehe Seite 38–39).

Das fühlt deine Katze

Alle Katzen müssen lernen, dass eine Berührung Spaß macht. Erst wenn sie sich davor nicht mehr fürchten, werden sie es genießen, sich von dir und anderen Menschen streicheln zu lassen. Berühre dein Kätzchen jeden Tag. Achte darauf, dass es sich dabei wohl fühlt.

Die besten Freunde! Katzen können andere Tiere als Familienmitglieder akzeptieren. Sogar mit Hunden kommen sie zurecht, wenn man bei den ersten Begegnungen gut aufpasst.

Der Umgang mit der Katze

Auf dem Schoß fühlen sich Katzen sicher und wohl.

Es gibt kaum Schöneres, als auf dem Sofa zu sitzen und einer zusammengerollten, zufrieden schnurrenden Katze zu lauschen! Allerdings wird sich deine Katze nur dann an deine Aufmerksamkeit und Liebe gewöhnen, wenn du sie vorsichtig und mit Respekt behandelst.

Eine Katze hochheben

Kätzchen müssen sich sicher fühlen, wenn sie hochgenommen werden. Traust du dir das noch nicht zu, oder ist dein Kätzchen sehr lebhaft, ein kleiner Wirbelwind, der von deinen Armen springen könnte? Dann bitte einen Erwachsenen um Hilfe.

So hebt man eine Katze sicher hoch:

1. Lege eine Hand unter ihre Brust, die Finger müssen zwischen den Vorderbeinen durchgreifen.
2. Hebe sie an und unterstütze ihr Hinterteil mit der anderen Hand.
3. Halte die Katze nahe an deiner Brust, damit sie sich sicher fühlt.
4. Wenn sie zu strampeln beginnt, stelle sie vorsichtig wieder auf den Boden. Es kann vorkommen, dass sie dich kratzt, wenn sie versucht, aus deinen Armen zu springen.

Annähern und Streicheln

In den Augen einer Katze ist es unhöflich, einfach hinzugehen und sie zu streicheln. Katzen wollen von sich aus kommen, und fühlen sich viel wohler, wenn man ihnen dies erlaubt. Es gibt Katzen, die wegrennen, wenn sie ängstlich werden. Läufst du ihnen hinterher und versuchst freundlich zu sein, machst du alles nur schlimmer. Es ist besser, sitzen zu bleiben und so lange zu warten, bis die Katze von sich aus kommt und „Hallo“ sagt.

Wenn sie sich nähert, drehe dich etwas zur Seite und kneife deine Augen zusammen (siehe Seite 82–83). Dann kannst du deine Hand ausstrecken und die Katze streicheln, wenn sie gerne möchte.

Viele Katzen haben es gerne, wenn man sie hinter den Ohren krault. Gefällt es ihr? Wenn sie schnurrt, fühlt sie sich wohl!

Die meisten Katzen haben es nicht gerne, wenn man sie am Bauch oder den Füßen berührt. Wenn du dir Zeit nimmst und deine Katze dir vertraut, kannst du ihr jedoch beibringen, sich auf den Rücken zu rollen und sich streicheln zu lassen. Allerdings ist es viel besser, zuerst eine Stelle zu suchen, an der deine Katze das Streicheln genießt.

Wenn du deine Katze streichelst und knuddelst, solltest du möglichst ruhig und sanft sein. Es gibt Katzen, die bei plötzlichen schnellen Bewegungen oder unerwartetem Lärm, sogar Niesen, erschrecken und weglaufen.

An die Eltern

Wird eine Katze fallen gelassen oder so fest gehalten, dass sie sich unwohl fühlt oder es sogar weh tut, dann kann sie irreparable körperliche oder emotionale Schäden erleiden – möglicherweise verletzt sie auch Ihr Kind dabei.
Halten Sie Ihre Kinder dazu an, sich auf dem Boden mit der Katze zu beschäftigen, oder – mit Ihrer Hilfe – auf einer erhöhten, aber rutschfesten Unterlage.

➔ Streichle deine Katze an verschiedenen Stellen und finde heraus, wo sie besonders gerne gekrault werden will:

1. Versuche es mit den Stellen hinter den Ohren. Achte genau darauf, was die Katze macht. Gefällt ihr das, rückt sie näher und beginnt zu schnurren.
2. Jetzt versuchst du es oben auf dem Hals. Schmiegt sich deine Katze mit der Wange an dich an? Wenn ja, dann gefällt ihr gut, was du tust.
3. Streichele sie über den Rücken, vom Kopf bis zum Schwanz. Kraule verschiedene Bereiche lange und mit Gefühl. An welcher Stelle mag sie es besonders gerne? Merke dir diese Stelle, denn damit kannst du sie später beruhigen.

➔ So hältst du eine Katze

Ängstliche Katzen können kratzen und beißen, wenn du sie falsch hochhebst. Sei sehr vorsichtig und bitte einen Erwachsenen um Hilfe.

Bist du ...
bis 7 Jahre alt: Versuche lieber nicht, das Kätzchen allein hochzuheben – bitte einen Erwachsenen.
7 bis 10 Jahre alt: Nimm dein Kätzchen nur hoch, wenn dir ein Erwachsener hilft.
10 bis 14 Jahre alt: Nimm deine Katze nur hoch, wenn es notwendig ist – richte dich nach den Regeln für „sicheres Halten“.

So untersuchst du deine Katze

Wenn du dein Kätzchen jeden Tag genau anschaust, wird dir sofort auffallen, wenn es sich nicht wohl fühlt, eine Wunde oder eine Schramme hat. Wenn du es regelmäßig untersuchst, gewöhnt sich dein Kätzchen daran, auch von anderen Menschen, vor allem dem Tierarzt, angefasst zu werden. Mit einem Spielzeug-Stethoskop kannst du sogar die Herztöne deines Lieblings „abhören“.

Untersuchung von Kopf bis Fuß

1. Stütze deine Katze mit einer Hand von unten, damit sie stehen bleibt, oder bitte einen Erwachsenen. Schau ihr in beide Augen: Sie sollten klar und sauber aussehen.
2. Jetzt sind die Ohren dran. Hebe vorsichtig die Ohrmuscheln hoch und schaue ins Ohr. Rede mit der Katze und streichele sie, dann bleibt sie ruhig.
3. Nun brauchst du die Hilfe eines Erwachsenen. Er soll die Lippen erst auf einer, dann auf der anderen Seite anheben, damit du die Zähne betrachten kannst. Danach öffnet er ganz vorsichtig den Mund der Katze und du kontrollierst Zunge und Hals.
4. Prüfe Hals und Schultern, taste vorsichtig am Fell und der Haut entlang, von oben

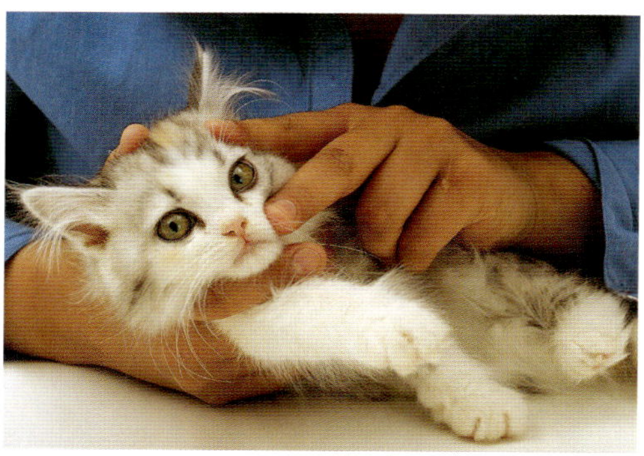

Prüfe die Augen sorgfältig, ohne die Augäpfel direkt zu berühren.

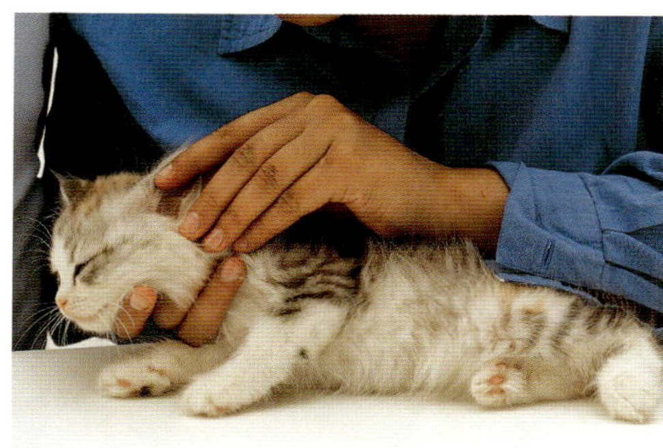

Schau in die Ohren und sieh nach, ob sie sauber sind.

Gesundheitsvorsorge
Wenn du möchtest, dass dein Kätzchen gesund bleibt, musst du manchmal zum Tierarzt gehen und ihm z.B. regelmäßig Wurmtabletten oder Flohpulver besorgen.

Impfungen
Katzen müssen gegen bestimmte Krankheiten geimpft werden, z.B. gegen Katzenleukämie, Katzenschnupfen, Darmkatarrh, Tollwut und Katzenseuche. Tierärzte wissen genau, welche Impfungen deine Katze braucht. Es richtet sich nach der Gegend, in der ihr wohnt, und den dort drohenden Krankheiten.

Wurmkur
Alle Katzen müssen regelmäßig gegen Parasiten im Inneren des Körpers oder Würmer behandelt werden. Würmer leben als Parasiten im Darm. Da der Befall mit Würmern von der Region abhängt, in der ihr lebt, musst du den Tierarzt nach dem richtigen Medikament fragen. Er hat für deine Katze entsprechende Tabletten.

Schutz vor Flöhen
Ein weiblicher Floh legt durchschnittlich 2000 Eier – wenn man ihn lässt! Wird die Katze nicht gegen Flöhe behandelt, wimmeln in ihrem Fell bald Tausende dieser Tiere herum. Wenn du das Fell

bis zu den Vorderseiten der Beine. Hebe zuerst die Füße an und prüfe die Krallen, danach vorsichtig die Ballen unter den Füßen.

5. Zurück zu den Schultern, jetzt kommen die Seiten dran. Taste mit den Fingern das Fell bis zu den Hüften ab und dann die Rippen. Fühlst du sie?
6. Taste die Hinterbeine ab, dann die Innenseiten der Oberschenkel. Hebe nun die Hinterfüße an, wie du es vorne schon gemacht hast.
7. Schließlich streichelst du den gesamten Körper noch einmal, vom Kopf bis zur Schwanzspitze.

Bei dieser Untersuchung musst du ruhig und sehr zart vorgehen. Belohne deine Katze mit einem Leckerbissen und spiele anschließend mit ihr.

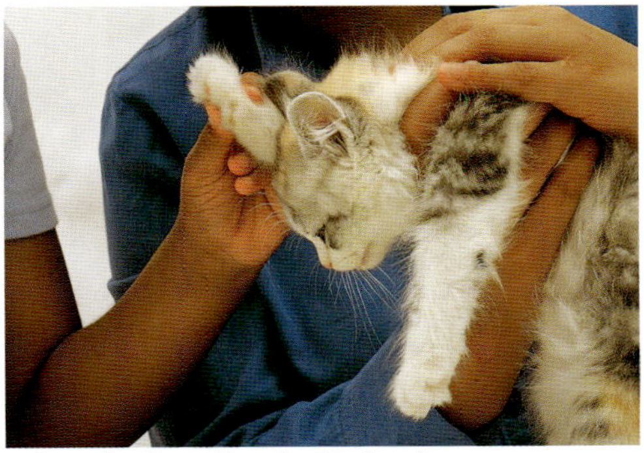

Schau dir die Ballen der Vorderpfoten an.

Damit du im Mund nachsehen kannst, sollte ein Erwachsener ihn öffnen.

Prüfe das Fell und die Haut.

deiner Katze regelmäßig untersuchst, werden dir die Flöhe oder der „Flohdreck", kleine, schwarze Punkte, sicher sofort auffallen.
Vom Tierarzt bekommst du Mittel, um die Flöhe und ihre Eier zu bekämpfen – Shampoos, Pulver und Sprays.

Kastrieren

Wenn du mit deiner Katze zum ersten Mal beim Tierarzt bist, solltest du dich über Vor- und Nachteile einer Kastration informieren. Der Tierarzt kann auch das Geschlecht deiner Katze bestimmen – es hat schon lustige Überraschungen gegeben und mancher Peter musste in Petra umbenannt werden. Katzen werden gewöhnlich im Alter von sechs Monaten kastriert.

Zahnpflege

Im Alter leiden viele Katzen unter schlechten Zähnen und krankem Zahnfleisch. Es gibt Rassen, die schon früh zu Zahnverfall und Zahnfleischkrankheiten neigen.
Wenn du jeden Tag den Kopf und die Zähne untersuchst, fällt es deiner Katze sicher leichter, die Zahnbürste zu akzeptieren (siehe Seite 48). Bürste ihr einmal wöchentlich gründlich die Zähne. So kannst du ihr die Zahnschmerzen ersparen.

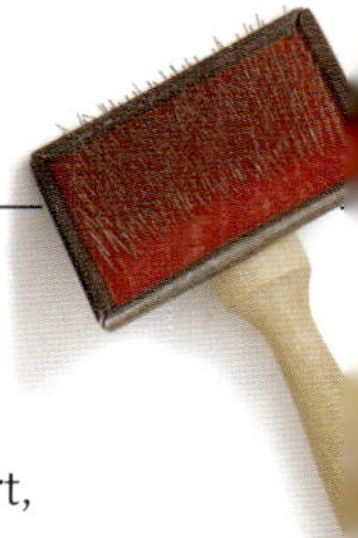

Fellpflege

Obwohl Katzen und Kätzchen ihr Fell sehr gut selbst pflegen können, kannst du mit einer regelmäßigen Fellpflege eure Freundschaft vertiefen. Außerdem lernt die Katze dabei, sich berühren zu lassen. Einige Langhaarkatzen, wie die Perserkatzen, haben viel mit ihrer Fellpflege zu tun. Sie freuen sich, wenn du ihnen dabei hilfst.

Je früher sich eine junge Katze an die Fellpflege gewöhnt, desto besser. Du solltest das Kämmen zu einer angenehmen Sache machen, deine Katze sollte sich darauf freuen – pass also auf, ihr nicht aus Versehen an den Haaren zu ziehen. Sei sehr zart, denn Katzen vergessen niemals eine schmerzhafte Erfahrung und lassen sich nicht mehr kämmen.

Halte die Ohren deines Kätzchens sehr sauber und entferne allen Schmutz aus dem Fell.

So wird das Fell gepflegt

Bürsten

Halte die Katze sanft in deinem Schoß oder auf einem Tisch und bürste ihr zuerst den Rücken. Bürste stets in Richtung des Fells. Dann kommen Beine, Kopf, Bauch und der Schwanz dran. Beobachte genau, was dein Kätzchen macht. Beginnt es, sich zu winden, hat es Angst oder versucht, wegzulaufen? Dann höre besser auf.

Kämmen

Kämme das Haar immer in der Wuchsrichtung. Sei sehr vorsichtig,

Beim Kämmen solltest du sehr vorsichtig sein. Rede leise mit der Katze, das beruhigt sie.

Wenn du vorsichtig bist, ist die Fellpflege für dein Kätzchen sehr angenehm.

Katzen mögen nicht, wenn es zerrt und ziept. Ist das Haar stark verfilzt, bitte einen Erwachsenen, diese Stelle abzuschneiden.

Pflegehandschuh

Jetzt kannst du deine Katze mit einem Handschuh aus Samt oder Kunststoff bürsten, bis ihr Fell glänzt.

➔ Das brauchst du:

Bürsten: Welche Bürste du brauchst, richtet sich nach dem Fell. Meistens ist eine Bürste mit weichen Borsten am besten. Hat deine Katze kurzes Fell, ist eine Gummibürste besser, so kannst du sie beim Kämmen gleich massieren.

Kamm: Mit einem Metallkamm entfernst du alte Haare aus dem Fell. Achte darauf, dass die Zinken abgerundet sind, sonst verletzt du deine Katze.

Samthandschuh: Streichle gleichmäßig mit dem Handschuh in Wuchsrichtung über das Fell deiner Katze. Damit zauberst du ein Glänzen in das Fell kurzhaariger Katzen. Fast alle Kätzchen haben diese Pflege sehr gern.

Wattebällchen: Damit kannst du Ohren und Augen säubern, nimm allerdings jedes Mal ein sauberes Bällchen.

Ohren säubern

Bei gesunden Katzen ist es nicht nötig, die Ohren zu säubern. Sollten sie jedoch schmutzig aussehen oder riechen, hat sich deine Katze wahrscheinlich mit Parasiten oder einer Krankheit infiziert. Dann muss der Tierarzt helfen.

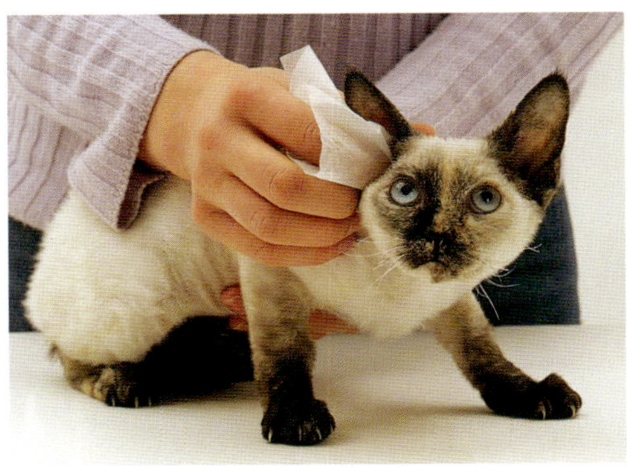

Mach die Ohrmuscheln gründlich sauber. Du darfst aber niemals mit Ohrstäbchen ins Ohr gehen!

Sobald sich eine Katze an Kämme, Bürsten und die Pflege gewöhnt hat, wird sie es genießen.

Gehe niemals mit einem Ohrstäbchen oder Watte ins Ohr hinein. Nur die Innenseiten der Ohrmuscheln dürfen vorsichtig mit Babyöl oder einem feuchten Watteböllchen gesäubert werden.

Augen säubern

Bei manchen Katzen sammelt sich Tränenflüssigkeit unter den Augen, die das Fell braun färbt. Vor allem Rassen mit flachem Gesicht leiden unter dieser Erscheinung. Entferne mit einem feuchten Watteböllchen einen Teil von diesem Schmutz.

Zähne säubern

Liegt dir wirklich etwas daran, deine Katze gesund zu halten? Dann musst du ihr die Zähne putzen. Wie bei uns sammelt sich auch bei Katzen Belag auf den Zähnen, der zu Krankheiten führen kann. Es gibt aber spezielle Katzenzahncreme, die mit einer Fingerbürste auf die Zähne aufgetragen wird. Einmal Zähneputzen pro Woche wäre ideal.

Im Alter von etwa fünf Monaten verliert ein Kätzchen seine Milchzähne. Schau jede Woche in den Mund deines Kätzchens und überprüfe, ob die Zähne sauber und gesund sind. Ihr Atem darf nicht unangenehm riechen.

links: Mit besonderen Zahnputztüchern ist diese schwierige Angelegenheit etwas einfacher.
rechts: Katzen sind Experten in Körperpflege.

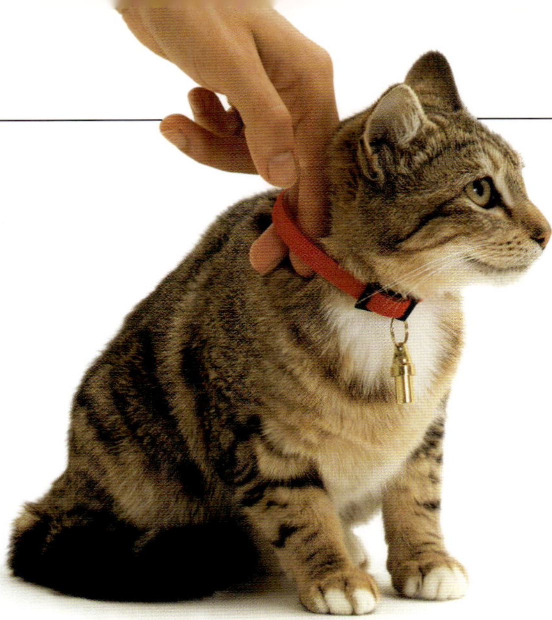

Da Katzen manchmal mit ihrem Halsband hängen bleiben, brauchen sie ein Modell, das sich dehnt und ihren Hals freigibt.

Baden

Katzen müssen nur sehr selten gebadet werden. Sollten sie sich aber in einer übel riechenden Flüssigkeit oder Öl gewälzt haben, bleibt nichts anderes übrig als sie zu baden. Das kann eine schwierige Angelegenheit werden, denn fast alle Katzen hassen es, nass zu werden.

Der beste Platz ist das Badezimmer oder eine Wanne in der Küche. Bereite warmes Wasser zu und besorge ein spezielles Katzenshampoo. Während ein Erwachsener die Katze festhält, gießt du ihr das warme Wasser über das Fell. Dann wird das Fell mit dem verdünnten Shampoo (achte auf die Packungsangaben) eingeschäumt und mit warmem Wasser ausgespült, bis auch der letzte Rest von dem Shampoo ausgewaschen ist.

Da fast alle Katzen das Geräusch eines Föns nicht mögen, ist es besser, sie mit dem Handtuch zu trocknen und dann so lange im Warmen zu halten, bis das Fell wieder ganz trocken ist.

➔ Die meisten Katzen hassen es, gebadet zu werden – sie machen alles, um nicht ins Wasser zu müssen ... außer der Türkisch Van Katze (Seite 19)! Diese wunderbaren Katzen schwimmen gerne, springen freiwillig in die Wanne und nutzen jede Gelegenheit, schwimmen zu gehen. Manche haben sogar gelernt, die Dusche aufzudrehen!

Halsband

Wenn dein kleiner Tiger draußen herumstreifen darf, ist ein Halsband sehr praktisch. Sollte er sich verlaufen, kann der Finder nachsehen, zu wem er gehört und ihn zurückbringen.

Frage im Fachgeschäft nach einem speziellen Katzenhalsband mit einem Sicherheitsmechanismus: Verfängt sich die Katze in einem Hindernis, dehnt sich das Band elastisch, bis sie ihren Kopf herauswinden kann. An das Halsband gehört noch ein Schildchen mit Name, Adresse und Telefonnummer.

Zuwendung

Dein neues Kätzchen braucht sehr viel Liebe und Zuwendung, vor allem in den ersten paar Wochen und Monaten seines Lebens. Du musst aber unbedingt darauf achten, dass diese Zuwendung von dir ausgeht.

Einige Katzen benehmen sich ziemlich wild, um von ihrem Besitzer beachtet zu werden. Sie springen ihn an, kratzen oder beißen ihn sogar! Andere lernen, an den Gardinen hochzuklettern, werfen Dinge von Regalen herunter oder jaulen verzweifelt, wenn sie um Aufmerksamkeit betteln.

Zu Anfang mag das alles noch lustig sein, doch was ist, wenn deine Katze um zwei Uhr in der Nacht damit beginnt?

Du solltest von Anfang an nur dann mit deiner Katze spielen, wenn es dir passt. Wenn es gerade nicht geht, musst du deine Katze ignorieren und erst deine Arbeit zu Ende bringen.

Es kann sehr schwierig sein, eine Katze zu ignorieren. Katzen sind besonders hartnäckig, sie jaulen und springen ihrem Besitzer immer wieder auf den Schoß, wie oft sie auch auf den Boden gesetzt werden. Ignorieren geht also nur, wenn du aktiv etwas unternimmst.

Meistens zeigen Katzen sehr deutlich, wenn sie genug vom Streicheln haben.

Die Katze ignorieren

1. Wenn du deine Katze ignorieren möchtest, mache dir selbst klar, dass du jetzt auf keinen Fall nachgeben wirst. Du wirst ihr keine Zuwendung geben, gleichgültig was sie auch macht. Dreh ihr deinen Rücken zu.
2. Schau sie an und verschränke deine Arme. Damit zeigst du, dass du nicht spielen willst und jetzt keine Streicheleinheiten zu erwarten sind.
3. Sprich nicht mit ihr, schiebe sie nicht weg und streichele sie nicht, damit sie Ruhe gibt.
4. Gibt deine Katze dann immer noch nicht auf, dich zu bedrängen, dann gehe aus dem Zimmer und schließe die Tür hinter dir, so dass deine Katze dir nicht folgen kann. Oder du bittest einen Erwachsenen, die Katze in einen anderen Raum zu bringen, wo sie dich nicht stören kann.

Sobald du wieder Zeit hast, solltest du deinem Liebling alle Zuwendung und Liebe geben, die er verdient.

Manche Katzen lernen, Zuwendung einzufordern!

Wenn dich deine Katze mitten in der Nacht weckt, überlege, was ihr fehlt. Kann sie zu ihrem Katzenklo gehen, wenn sie aufwacht und dringend muss? Fühlt sie sich unwohl? Wenn du genau weißt, dass es ihr gut geht und sie auch zu ihrem Klo gehen könnte, dann versuche, sie zu ignorieren.

Versucht deine Katze immer wieder, auf diese Weise Zuwendung zu bekommen, dann richtest du ihr ein bequemes Bett in einem anderen Zimmer her und lässt sie allein. Auch wenn sie jammert und kratzt, darfst du nicht nachgeben, sonst wird es Nacht für Nacht weitergehen!

Deine Katze braucht Zuwendung und hat es gerne, wenn ihr zusammen seid, aber wenn sie dich aufweckt oder nachts laut miaut oder einfach nicht wahrhaben will, dass du schlafen willst, dann bleibt dir nichts übrig, als sie zu ignorieren. Nur so lernt sie, dass auch du Zeit brauchst, um die Dinge zu tun, die du möchtest – z.B. schlafen!

Ärger im Bett

Die meisten Katzen rollen sich gerne am Fußende eines Bettes zusammen und schlafen mit ihrem Besitzer. Das geht so lange gut, bis sie mitten in der Nacht einen Aufstand machen und denken, du machst mit!

Alle Katzen sind neugierig, aber manche stellen ärgerliche Dinge an, nur damit du aufmerksam wirst.

Spielen

Katzen spielen gerne, genau wie du. Sie spielen, weil sie damit für die „echte" Jagd üben – und weil es ihnen Spaß macht! Spielen ist auch Training, es hält deine Katze gesund und bei guter Laune.
Alle Spiele sollten euch beiden Spaß machen. Bei einem langweiligen Spiel wird deine Katze abhauen. Werden die Spiele aber zu rau, und deine Katze fährt die Krallen aus oder beißt sogar, magst du sicher nicht mehr mitspielen. Immerhin könnte sie dich verletzen. Spiele müssen Spaß machen und sicher sein.

An die Eltern

Raue Spiele, bei denen die Katze ermuntert wird, mit ihren Krallen und Zähnen Hände, Füße, Kleidung oder Haare anzugreifen, müssen grundsätzlich unterbleiben. Viele junge Katzen lernen, dass solche Angriffe erlaubt sind, und machen weiter damit, auch wenn sie groß sind. Katzenbisse können zu ernsthaften Krankheiten und sogar zum Tod führen. Man kann sie nur vermeiden, wenn die Katze von klein auf lernt, dass Menschenhaut niemals – auch nicht im Spiel – angegriffen werden darf, sondern mit Vorsicht zu behandeln ist. Dieses Verbot, raue Spiele zu spielen, sollte nicht nur für die Kinder, sondern ebenso für die Erwachsenen in der Familie gelten – oft sind sie Schuld!

Spielzeug an Stäben

Ist deine Katze groß und schnell? Dann suche nach Spielzeugen, bei denen du dich von ihren Zähnen und Krallen fernhalten kannst. Am besten sind Schnüre, die an eine Art Angel gebunden werden. Die Katze jagt hinter der Schnur her, wenn du sie bewegst. Du kannst aber auch Federn oder ein Spielzeug an die Schnur binden.

Diese Katze zeigt ihr Jagdgeschick an einem Spielzeug-Vogel.

Solche Spielzeuge an Stäben sind aufregend und doch sicher, denn wenn die Katze das Spielzeug am Ende verfolgt und anspringt, sind deine Hände in Sicherheit. Ziehe aber das Spielzeug nicht ruckartig weg, wenn dein Tiger zugeschlagen hat. Er könnte sich mit Zähnen oder Krallen verfangen und sich weh tun.

Voll getroffen! Kätzchen lieben es, sich anzuschleichen, zu jagen und Spielzeuge zu „töten".

Spielzeuge mit Uhrwerk oder Batterie

In Zoohandlungen findest du bewegliche Mäuse, Spinnen und sogar Frösche, mit denen deine Katze spielen kann. Das wird ihr sicher viel Freude bereiten, aber du musst etwas aufpassen. Hat sie ihr Opfer erst einmal erbeutet, wird die Katze es zernagen. Also musst du darauf achten, dass sie keine Plastik- oder Stoffteile abreißt und verschluckt.

Die Hersteller denken sich immer wieder neues Spielzeug aus, z.B. mit Batterien angetriebene Bälle, die von alleine rollen und sich drehen. Für eine große, selbstbewusste Katze ist das eine wunderbare, neue Erfahrung. Manche nervösen Katzen könnten sich aber erschrecken, wenn sie das Spielzeug zum ersten Mal sehen.

Denke wie eine Katze!
Die schönsten Spiele mit einer Katze fallen dir ein, wenn du denkst wie sie. Welche Spiele würden ihr gefallen? Alle Katzen lieben es, sich anzuschleichen, eine Beute zu verfolgen und sie zu fangen, mit dem Mund oder den Klauen. Benutze Spielzeuge für solche Jagdspiele, denn nur sie darf deine Katze jagen und anspringen. Erlaube ihr niemals, deine Hände anzuspringen, du könntest dir schmerzhafte Kratzer zuziehen und verletzt werden.

Geschicklichkeitsspiele

Solche Spiele sind sicher und machen einer Katze viel Spaß, auch wenn sie sich allein beschäftigt. Sie sind sehr unterschiedlich gestaltet, bestehen aber meist aus stabilem, buntem Kunststoff. Es gibt Bälle, die in Gehäusen eingeschlossen sind und von der Katze mit der Pfote herausgeholt werden. Andere Kugeln sind hohl und werden mit Katzenfutter gefüllt. Spielt die Katze damit, fällt das Futter heraus. So hat sie gleichzeitig Spaß und eine kleine Belohnung.

Duftspielzeuge

Eine Reihe von Spielzeugen, wie pelzige Mäuse oder Kugeln an Schnüren werden von Katzen wie Beute gefangen und herumgetragen. Tränkt man sie mit Duftstoffen wie etwa dem Duft von Katzenminze, beginnen manche spielenden Katzen vor Vergnügen zu treteln und zu schnurren.

Gute Spiele machen deinem Kätzchen Spaß und schonen deine Hände.

Manche Spielzeuge werden mit dem Duft der Katzenminze getränkt, den viele Katzen lieben.

Diese beiden spielen miteinander. Spiele stärken auch die Verbindung zwischen dir und deiner Katze.

Selbst gemachte Spielzeuge

Die schönsten Spielzeuge sind billig und du kannst sie selbst basteln. Kätzchen lieben Papiertüten oder zusammengeknülltes Papier. Damit beschäftigen sie sich stundenlang. Du kannst den Papierball oder einen Pingpong-Ball auch in einen stabilen Pappkarton legen. Deine Katze klettert in die „Höhle" hinein und spielt mit dem Ball.

Auch aufgerollte Schnüre oder Bälle aus zerknüllter Alufolie sind ein herrliches Spielzeug – selbst sehr nervöse Tiger werden begeistert angreifen. Allerdings musst du bei Spielen mit Schnüren gut aufpassen, damit deine Katze sie nicht im Eifer des Spiels verschluckt. Überhaupt sollten alle Spielzeuge so groß sein, dass deine Katze sie nicht verschlucken kann. Erlaube deiner Katze niemals, mit gefährlichen Dingen zu spielen, z.B. einem Draht oder einem Stromkabel.

Zwei Kätzchen!

Am liebsten spielen Katzen mit anderen Katzen! Häufig werden zwei Kätzchen aus einem Wurf zu den besten Freunden und spielen sehr lange miteinander. Ihre Spiele sehen auf den ersten Blick ziemlich gefährlich aus: Sie schleichen sich an, jagen sich und springen aufeinander los. Außerdem fechten sie Scheinkämpfe aus, bei denen sie sich aber niemals verletzen – alles nur Schau! Jedes Kätzchen liebt es, mit anderen Katzen zu spielen, aber das darf nicht ihr einziges Spiel sein. Auch gemeinsam aufwachsende Kätzchen müssen immer wieder mit Menschen spielen, nimm dir also die Zeit, dich mit jeder Katze alleine zu beschäftigen.

Jagdfieber

In der Wildnis lernen schon junge Katzen, wie man jagt. Oft bringt die Mutter ihren Kätzchen noch lebende Beute wie z.B. eine Maus mit, mit der die Kätzchen dann spielen und für die Jagd üben. Später, wenn sie allein zurechtkommen müssen, haben sie nur als erfolgreiche Jäger eine Überlebenschance. Gute Jäger müssen geduldig, flink und leise sein. Eine Wildkatze, die nicht gut ist bei der Jagd, wird hungrig bleiben!
Auch bei den Jagdspielen deiner Katze kommt es nicht nur auf den Spaß an. Dabei lernt sie, dass Menschen keine Beute sind und festigt ihre Verbindung zu dir.

Fütterung

Alle Katzen sind Fleischfresser – sie brauchen Fleisch für ihre gesunde Entwicklung. Ein Blick auf ihre scharfen Zähne zeigt deutlich, dass sie Tiere jagen und töten.

Hauskatzen brauchen sich ihre Beute nicht selbst zu erjagen. Wir sorgen für das richtige Futter, das sie gesund und bei guter Laune erhält. Es gibt unterschiedliche Formen von Katzenfutter: Welches du auswählst, richtet sich nach der Größe und dem Alter deiner Katze und nach dem Preis. Du wirst schon bald feststellen, welches Futter deine Katze gerne mag.

Wo wird gefüttert

Katzen essen gerne an Orten, wo sie sich sicher fühlen. Entscheide dich für einen bestimmten Platz, an dem du deine Katze regelmäßig fütterst. Die meisten Katzen essen nicht gerne auf dem Boden, sondern lieber an erhöhten Orten, weil sie sich dort sicherer fühlen. Dort werden sie von keinem anderen Haustier gestört und niemand tritt ihnen aus Versehen auf den Schwanz. Außerdem sollte es dort ruhig sein, in gehörigem Abstand zum Katzenklo.

Das gehört mir! Eine Katze zieht den Futternapf mit den Resten zu sich hin.

Wie viel Futter?

Die meisten Katzen essen lieber mehrere kleine Portionen am Tag, statt eine oder zwei große Mahlzeiten.

Die meisten Katzen fressen gerne an erhöhten Orten, dort fühlen sie sich sicherer.

Katzen essen gerne gemeinsam…

… allerdings sollte jede ihren eigenen Napf haben.

So bekommen sie gleichmäßig über den Tag verteilt Energie. Fütterst du mit Trockenfutter, wird deine Katze wahrscheinlich mehrmals am Tag und auch in der Nacht zum Futternapf kommen und sich bedienen – immer nur so viel, wie sie braucht. Bekommt sie aber Dosenfutter oder frisches Fleisch, braucht sie mehrmals am Tag eine kleinere Portion. Acht bis zwölf Wochen alte Kätzchen bekommen fünf Mahlzeiten am Tag, dann funktioniert ihre Verdauung.

➔ Katzen sind keine Vegetarier.
Katzen können nicht ausschließlich von Pflanzen leben. Sie brauchen besondere Nährstoffe, Vitamin A und Niacin, die nur im Fleisch enthalten sind. Außerdem können sie den Stoff Taurin nicht selbst herstellen, den sie für ihre Augen benötigen. Fütterst du deiner Katze kein Fleisch, kann sie ernsthaft krank werden.

Welches Futter?

Kätzchen brauchen ein besonderes Futter, das alle Nährstoffe für ihr Wachstum und ihren hohen Energieverbrauch enthält. Es gibt eine Riesenauswahl an Dosen- und Trockenfutter. Welches du auswählst, richtet sich auch danach, was du oder deine Eltern ausgeben wollen.

Trockenfutter riecht nicht so stark wie Dosenfutter und kann den ganzen Tag stehen bleiben, ohne dass Fliegen oder andere Insekten angelockt werden. Da die Kätzchen es zerkauen müssen, bleiben ihre Zähne sauberer. Dosenfutter schmeckt allerdings besser und sagt deinem Kätzchen vielleicht mehr zu. Das Futter darf aber nicht den ganzen

Tag lang herumstehen. Einige Produkte verträgt dein Kätzchen vielleicht auch nicht.

Wenn du die Ernährung deiner Katze umstellen möchtest, von Trocken- auf Dosennahrung oder umgekehrt, solltest du dies nach und nach tun. Das Gleiche gilt für eine ganz neue Futtersorte. Bekommt eine Katze plötzlich ein fremdes Futter, kann ihr Magen weh tun, sie bekommt Durchfall und sehr junge Kätzchen können ernsthaft krank werden.

Der Tierarzt weiß am besten, welche Nahrung für deine Katze die beste ist – frag ihn einfach.

Katzen lernen rasch, dass sie Futter von dir bekommen. Gib ihnen einen Leckerbissen als Belohnung, wenn sie etwas gut gemacht haben.

Wasser

Stelle deiner Katze immer einen Napf mit frischem, sauberem Trinkwasser hin. Ernährt sie sich von Dosenfutter, braucht sie weniger Wasser, denn im Futter ist viel Flüssigkeit enthalten. Bekommt sie Trockenfutter, hat sie mehr Durst, kontrolliere also regelmäßig, ob noch genug frisches Wasser im Napf ist.

Trinkt deine Katze plötzlich mehr Wasser als sonst, könnte sie krank sein. Wenn du dir Sorgen machst, rede mit einem Erwachsenen oder frage deinen Tierarzt.

Vielleicht wunderst du dich, aber Milch ist nicht gut für Katzen! Eine entwöhnte Katze braucht keine Milch mehr, und Kuhmilch kann ihr sogar den Magen verderben.

Zwanghaftes Kauen

Einige Katzen knabbern an allen möglichen Dingen herum oder essen sie sogar, wie z.B. Holz, Plastik, Gummi und sogar Stromkabel. „Kauwut" wird dieses Verhalten genannt. Besonders Siam- und Burmakatzen neigen zu diesem merkwürdigen Verhalten. Es kommt aber auch bei anderen Rassen vor. Sobald deine Katze erste Anzeichen dieser „Kauwut" zeigt, musst du mit ihr zum Tierarzt gehen, sonst kann es sehr gefährlich werden.

Es ist ganz normal, wenn eine Katze Gras isst. Sei nicht beunruhigt, wenn sie sich anschließend übergibt.

Ganz wichtig: Deine Katze darf niemals Menschenessen bekommen! Hat deine Katze erst einmal gelernt, dass Betteln bei Tisch Erfolg hat, kann sie zu einer richtigen Plage werden.

Leckerbissen

Es gibt fast so viele Katzenleckereien wie Trocken- und Dosenfutter. Solche Leckerbissen gibst du deiner Katze, wenn sie besonders gelehrig oder mutig war, vielleicht auch um ihr zu zeigen, dass du sie magst.

Es gibt Leckereien in allen möglichen Formen und Geschmäckern, von Fisch bis Schokolade. Eine gute Alternative zu gekauften Katzenleckerbissen sind kleine, gekochte Stücke aus Hühnchen oder Fisch. Sie dürfen aber keine Knochen oder Gräten enthalten, die deiner Katze im Hals stecken bleiben oder sie krank machen könnten.

Schokolade ist lecker, aber giftig für Katzen. Biete ihr niemals ein Stück von deiner Tafel an!

Gras essen

Fast alle Katzen essen ab und zu frisches Gras. Das ist ganz normal, weil es ihnen bei der Verdauung hilft. Selbst wenn deine Katze sich danach übergibt, besteht kein Anlass zur Beunruhigung – sofern sie ansonsten ganz gesund ist.

Auch Katzen, die nur in der Wohnung leben, brauchen ab und zu frisches Gras. Du kannst es in einer Schale selbst aussäen oder fertiges Katzengras kaufen.

Gras hilft der Katze bei der Verdauung. Biete ihr einen „Minirasen“ an, wenn sie nicht nach draußen kann.

So lernt deine Katze

In den ersten Wochen und Monaten seines Lebens muss ein Kätzchen sehr viel lernen. Natürlich gehen Katzen nicht zur Schule, wie also lernen sie? Genau wie wir finden sie manches gut und lehnen andere Dinge ab. Gefällt ihnen, was sie tun, oder werden sie dafür belohnt, versuchen sie es sicher noch einmal. Bleibt eine Belohnung aus oder passierte etwas, was sie überhaupt nicht leiden können, werden sie dieses Verhalten meistens lassen.

Mit diesem Trick kannst du deine Katze erziehen. Gib ihr eine Belohnung – Futter, Spielzeug oder beschäftige dich mit ihr –, wenn sie auf Zuruf zu dir kommt. Sie wird es sicher wieder tun.

Katzen lernen nach dem Prinzip „Versuch und Belohnung“. Wird ein bestimmtes Verhalten belohnt, wiederholen sie es.

Folgt sie deinem Ruf aber und bekommt keine Belohnung oder wird sogar ignoriert, wird sie es sich in Zukunft zweimal überlegen, ob sie zu dir kommen soll.

Leider bedeutet das auch, dass deine Katze ziemlich schlechte Angewohnheiten „lernen“ kann: Wenn zum Beispiel ein niedliches Kätzchen versucht, an der Gardine hochzuklettern, werden ihr alle zuschauen und lachen. Deine Katze merkt sich nun, dass alle zufrieden waren und sie selbst viel Spaß hatte – also wird sie wieder und wieder mit der Gardine spielen. Solange sie noch klein ist, mag das angehen,

Die meisten Katzen spielen gerne mit Gardinen oder klettern sogar daran hoch.

doch was ist, wenn eine große Katze mit ihren scharfen Krallen Löcher in den Stoff reißt? Alle werden schimpfen und ärgerlich sein. Die Katze wird nun für dasselbe Verhalten angebrüllt, für das man sie früher belohnt hatte – sehr schwierig zu verstehen für eine Katze.

Achte daher darauf, sie nur dann zu belohnen, wenn deine Katze etwas gutes macht. Tut sie etwas, was du nicht leiden kannst, versuche sie zu ignorieren. Bleibe aber auf jeden Fall ruhig und beherrsche dich. Manche Katzen finden es sehr lustig, ihren Besitzer zu nerven!

Pelzige Diebe

Eine Katze ist sehr neugierig. Da sie sehr beweglich ist, schlüpft sie in alle Ecken und Winkel, springt auf Tische oder Arbeitsplatten in der Küche. Was passiert, wenn sie dort leckeres Futter findet? Hauptgewinn! Also wird sie immer wieder auf Tische springen, weil sie dort etwas Essbares erwartet. Bleibt die Katze allein zu Haus, auch wenn es nur ein paar Minuten sind, darf niemals Essen offen herumstehen. Manche Katzen nagen an allem herum, andere sind wählerischer, aber Gelegenheit macht Diebe. Der sicherste Weg, eine Katze von Tischen und Arbeitsplatten fernzuhalten, ist immer noch, ihr von Anfang an keine Chance auf lohnende Beute zu lassen.

Warm und kuschelig

Oft lieben Katzen die Orte, an denen es besonders intensiv nach ihren Besitzern riecht. Daher legen sie sich gerne auf Sofas oder Betten, wo ihr Besitzer sitzt oder schläft.

Oh jeh! Dieser Wäschekorb ist jetzt Spielplatz für die Kätzchen.

Katzen finden immer den besten Schlafplatz – meist auf deinem Stuhl.

Wenn du es nicht magst, dass deine Katze auf dem Bett oder dem Lieblingsstuhl sitzt, musst du rechtzeitig etwas unternehmen: Vorbeugen ist die beste Medizin. Schließe die Tür zu deinem Zimmer oder lege ein Kissen, eine Tasche oder Aluminiumfolie auf den Sitz, wenn du nicht möchtest, dass sie dort liegt. Hat sie es sich erst einmal gemütlich gemacht, hat auch Schimpfen keinen Zweck. Wenn du die Stelle nicht blockierst, wird deine Katze einfach abwarten, bis du außer Sicht bist, und sich wieder hinsetzen.

Langeweile

Manche Katzen geraten aus purer Langeweile in Schwierigkeiten. Vor allem Katzen, die nur in der Wohnung bleiben dürfen, wissen oft nicht mehr, was sie tun sollen, weil ihnen die Beschäftigung fehlt.

Wenn deine Katze überall in der Wohnung zu nagen und zu kratzen beginnt, dann solltest du dich fragen, warum sie das tut. Wird sie deswegen beachtet? Könnte sie sich einsam fühlen oder sich langwei-

Dieses Kätzchen fühlt sich sichtlich unwohl. Es macht sich frei und springt herunter.

Belohnungen für dein Kätzchen

Womit belohnst du deine Katze? Hier sind einige Beispiele für gute Belohnungen, die sie bekommt, wenn sie etwas gut gemacht hat. Sollte sie aber etwas getan haben, was dir nicht gefällt, darf sie auf keinen Fall eine dieser Belohnungen erhalten. Sonst wird dein Kätzchen dieses Verhalten wiederholen.
Leckereien – Futter – Spiele – Spielzeuge – Aufmerksamkeit (Augenkontakt oder gesprochene Worte) – Lachen – Liebkosen – Kitzeln – Umarmen

Du solltest eine Katze nicht provozieren. Sie kann leckerem Essen nicht widerstehen, räume daher Nahrung stets weg.

len? Verlangt sie so nach Futter oder Zuwendung? Wenn du das Problem aus der Sicht der Katze erkennst, ist meist auch eine Lösung nahe.

Strafen

Es ist keine gute Idee, eine Katze zu bestrafen, selbst wenn sie sehr ungezogen war. Es ist zwar möglich, dass sie wenige Worte versteht, wie „Futter“ oder „Sitz!“, aber sie wird niemals begreifen, was wir sagen oder wie wir uns verhalten.

Vielleicht gefällt es dir, wenn deine Katze zusammengekuschelt neben dir im Bett schläft. Wenn sie aber am Tag mit schmutzigen Pfoten ins Bett steigt, gibt es Ärger. Die Katze kann nicht begreifen, dass es um ihre schmutzigen Füße geht. Sie glaubt, du regst dich wegen nichts auf, einfach so!

Daher solltest du versuchen, konsequent zu sein. Stelle eine Liste mit Regeln auf, an die sich alle in deiner Familie halten müssen. Darauf könnte z.B. stehen, ob sie zu festen Zeiten gefüttert wird oder immer dann, wenn sie Hunger hat.

Liebkosen und Beißen

Katzen sind friedliche Tiere. Sie laufen lieber davon, statt aggressiv zu werden. Nur wenn sie Angst haben oder sich stark bedrängt fühlen, wehren sie sich. Manche tun das, wenn du sie zu sehr liebkost. Sie sitzen friedlich auf deinem Schoß, lassen sich streicheln, und in der nächsten Sekunde fauchen und zischen sie voller Zorn. So etwas passiert, wenn sie sich von deiner Zuneigung zu sehr eingeengt fühlt. Wenn sich deine Katze abwartend verhält, gib ihr mehr Freiraum und warte ab, bis sie zufällig neben dir sitzt, nicht auf deinem Schoß, und streichele sie nur sehr kurz. Wenn sie bei dir sitzen bleibt, streichle sie weiter und lege ab und zu eine kleine Streichelpause ein. Will dein Kätzchen nicht mehr gestreichelt werden, kann sie verschwinden, ohne dich anfauchen zu müssen. Entfernt sich deine Katze, solltest du sie in Ruhe lassen und warten, bis sie von selber wiederkommt, um gestreichelt zu werden.

So trainierst du deine Katze

1 Die Katzenklappe

Grundsätzlich kann eine Katze auch ständig in der Wohnung leben, aber wenn sie ins Freie darf, dann solltest du zusammen mit deinen Eltern überlegen, ob ihr eine Katzenklappe einbaut. Das ist eine kleine Tür, die in die Haustür eingesetzt wird. Da deine Katze sie alleine öffnen kann, kann sie kommen und gehen, wie sie möchte. Die Klappe schließt sich hinter ihr, wird aber durch Druck mit der Pfote oder Nase wieder geöffnet.

Die meisten Katzen lieben es, selbst entscheiden zu dürfen, wann sie ins Freie gehen, aber zuerst müssen sie lernen, die Klappe zu benutzen. Du darfst sie niemals mit sanfter Gewalt durch die Tür schieben, oder ihre Pfote oder Kopf dagegen drücken. Es könnte sein, dass sie sich von nun an vor Katzenklappen fürchtet und sie nie wieder benutzt.

Schritt für Schritt

1. Halte die Klappe offen, z.B. mit Klebeband oder einem Stöckchen, damit deine Katze hindurch sehen kann. Nimm nun die Katze mit ins Freie.
2. Bitte einen Erwachsenen, die Katze draußen festzuhalten und rufe sie von innen durch die offene Klappe. Du kannst sie auch mit einer Leckerei, Futter oder ihrem Lieblingsspielzeug locken. Sie muss freiwillig durch die Klappe nach innen kommen.
3. Hat sich deine Katze getraut, wird sie mit dem Leckerbissen oder dem Spielzeug belohnt. Wiederhole diesen Schritt mehrmals und so lange, bis die Katze freiwillig und gerne durch die Klappe ins Haus kommt.
4. Nun wird getauscht. Jemand hält innen die Katze fest und du lockst sie von außen mit Leckereien. Auch dieser Schritt wird mehrfach wiederholt, bis die Katze freiwillig hin und her schlüpft.
5. Jetzt wird die Klappe geschlossen. Deine Katze muss sie nun anstoßen, um sie zu öffnen. Zu Anfang bleibt die Klappe nur halb geschlossen – klemme sie mit einem Stock oder etwas Klebeband fest. Deine Katze muss lernen, dass sie nur zu dir und der Belohnung kommt, wenn sie die Klappe anstößt. Übe diesen Schritt mehrfach in beiden Richtungen. Ermuntere

die Katze immer wieder, an die Klappe zu stoßen, bis sie es kapiert hat.

6. Wieder wird die Klappe etwas weiter geschlossen und deine Katze übt aufs Neue. Es dauert nicht lange, dann hat sie gelernt, auch eine völlig geschlossene Katzentür zu öffnen. Allerdings solltest du sie nicht überfordern. Wenn es gar nicht mehr weitergeht, dann wird die Klappe ein Stück weiter geöffnet und die Übungen wiederholt.

oben: Klappe die Tür weit auf, dann begreift deine Katze schneller, wie sie funktioniert.

Kein Ausgang

Viele Katzenbesitzer erlauben ihren Katzen, am Tag ins Freie zu gehen, sperren sie aber nachts im Haus ein, damit sie nicht überfahren werden. Wenn ihr das plant, muss deine Katze begreifen, dass ihre Tür verschlossen ist und sie nicht heraus kann.

Daher ist es nützlich, eine Art „Signal“ aufzustellen. So lernt die Katze, dass ihre Tür zu bestimmten Zeiten verschlossen ist, und versucht nicht mehr, sie zu benutzen. Ein solches Signal könnte ein Handtuch sein, dass ihr über die Klappe hängt, oder einfach ein Stück Pappe, das sie versperrt.

Ermuntere deine Katze, durch die Katzenklappe zu gehen; erst von außen nach innen, dann von innen nach außen.

2 Der Kratzbaum

Alle Katzen müssen kratzen, damit ihre Krallen scharf bleiben. Außerdem hinterlassen sie beim Kratzen Duftbotschaften für andere Katzen (siehe Seite 21). Am liebsten kratzen sie an Baumstämmen oder aufrechten Pfosten im Freien. Darf dein Kätzchen nicht ins Freie, braucht es auch in der Wohnung einen Kratzbaum oder -brett.

Der Zoohandel bietet zahlreiche Kratzbäume an, du kannst aber auch einen größeren Ast nehmen. Katzen lieben es, sich beim Kratzen zu recken, daher muss der Kratzbaum mindestens so hoch sein wie deine Katze, wenn sie ausgestreckt auf den Hinterbeinen steht.

So wird der Kratzbaum benutzt

Stelle den Kratzbaum an einen ruhigen Ort. Dein Kätzchen sollte sich sicher fühlen, wenn es ihn benutzt. Ermuntere die Katze, das neue „Spielzeug“ auszuprobieren – es ist viel besser für die Krallen als das Ende eures Sofas.

Zur Eingewöhnung sollte der Kratzbaum riechen wie eure Wohnung und deine Katze nicht erschrecken. Die meisten Katzen scheuen neue Dinge und schnuppern daran, ob sie vielleicht den Geruch erkennen. Am besten stellst du den Kratzbaum einfach hin und wartest ab. Nach und nach gewöhnt sich die Katze daran, wie er aussieht und riecht.

Dieser Kratzbaum besteht aus mehreren Teilen und ist ein prima Katzenspielplatz. Hier können sie ihre Krallen schärfen, ohne die Möbel zu beschädigen.

Es gibt aber auch einen guten Trick, mit dem du deine Katze täuschen kannst – sie wird denken, der Kratzbaum steht schon ewig da. Bringe dein Kätzchen dazu, sich mit Gesicht und Wangen an deiner Hand zu reiben. Fast alle Katzen zeigen damit ihre Zuneigung. Wenn deine Katze keine Lust dazu hat, dann streichele sie und rede dabei mit ihr. Auch so bleibt etwas von ihrem Geruch an deiner Hand haften. Dann reibst du sofort mit der Hand über den Kratzbaum. Der Geruch überträgt sich, und wenn deine Katze daran riecht, wird sie ihn wiedererkennen.

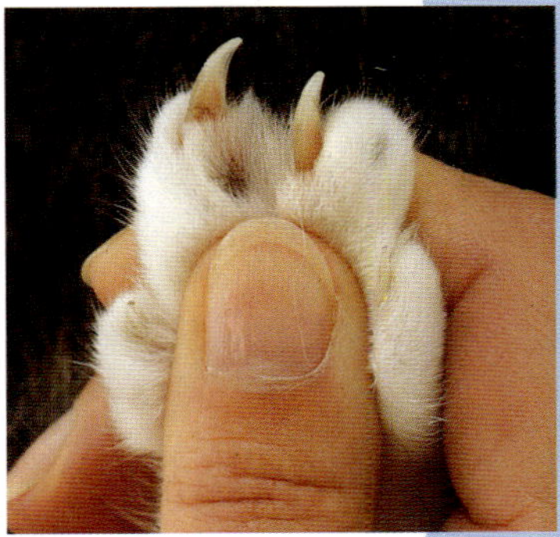

Scharfe Werkzeuge
Katzen gehören zu den wenigen Tieren, die ihre Krallen aktiv einziehen und wieder ausfahren können. Bei der Jagd oder zum Klettern sind Krallen wichtige Werkzeuge, mit denen Dinge leichter festgehalten werden können.
Werden die Krallen nicht gebraucht, zieht die Katze sie zurück in die Pfote. Es wäre nicht einfach für eine Katze, stets mit ausgefahrenen Krallen zu laufen. Hunde oder die großen, schnellen Verwandten deiner Katze – die Geparde – können ihre Krallen nicht einziehen.

Hilft gar nichts, und deine Katze wetzt ihre Krallen immer noch an anderen Stellen, solltest du sie mit einem Spielzeug locken. Binde eine Schnur oder ein Spielzeug an den Kratzbaum und beobachte sie beim Spiel. Sollte dein Kätzchen dabei zufällig seine Krallen an dem Baum schärfen, dann musst du es loben und belohnen.

Kratzbretter
Manche Katzen schärfen ihre Krallen lieber auf dem Boden. Wenn dein Kätzchen seine Krallen über den Fußboden zieht, solltet ihr ein Kratzbrett kaufen. Es wird flach auf den Boden gelegt und schont Teppiche und Dielen. Die Gewöhnung geht genauso wie beim Kratzbaum.

Da Katzen sich beim Kratzen strecken, sollte der Kratzbaum hoch genug sein.

3 Auf den Namen hören

Auf den eigenen Namen zu reagieren und zu kommen, ist ein einfacher aber besonders nützlicher Trick, den deine Katze lernen kann. Wo immer dein Kätzchen auch sein mag – du rufst es und es kommt angelaufen!

Die meisten Katzen lernen von allein, auf ihren Namen zu hören. Manche reagieren allerdings nur, wenn sie hören, wie jemand ihren Futternapf vorbereitet. So kannst du deine Katze trainieren – mit Futter als Belohnung.

Biete deiner Katze einen Leckerbissen an. So kannst du sie zu dir locken.

Katzen werden von ihrem Magen regiert! Rufe deine Katze beim Namen, wenn es Futter gibt, und sie wird das Wort mit etwas Gutem in Verbindung bringen.

Schritt für Schritt

1. Rufe deine Katze immer bei ihrem Namen, wenn du sie füttern möchtest. Die Essenszeit ist ideal zum Üben.
2. Am Anfang sagst du ihren Namen immer dann, wenn sie vor dir steht und auf das Futter wartet. Sage z.B., „Tiger, komm!“ – und dann gibst du ihr ein Futter, das sie gerne mag. Sollte das nicht klappen, dann locke deine Katze mit einem besonderen Leckerbissen oder einem Spielzeug an. Sollte sie dich dann immer noch ignorieren, versuche es lieber später noch einmal, wenn sie hungriger oder lebhafter ist.
3. In den nächsten Tagen rufst du deine Katze jedes Mal, bevor es Futter gibt. So lernt sie, auf deine Stimme zu reagieren und nicht auf das Geräusch der Futterdose.
4. Nun kommt es darauf an, die Entfernung zwischen dir und deiner Katze zu vergrößern. Sollte sie

nicht auf dein Rufen reagieren, bekommt sie kein Futter. Es hat keinen Zweck, ärgerlich zu werden oder sie zu fangen.

5. Von nun an bekommt sie unterschiedliche Belohnungen, wie Streicheln, Leckerbissen oder Spielzeug, wenn sie auf Zuruf kommt. Deine Katze kommt nur, wenn du sie belohnst, daher solltest du sehr großzügig sein!
6. Rufe sie niemals bei ihrem Namen, wenn Unangenehmes auf sie wartet. Versuche, wie eine Katze zu denken. Was mag sie nicht? Einsprühen mit Läusespray, Nägel schneiden, Baden … Deine Katze wird diese „schlechten“ Dinge mit ihrem Namen in Verbindung bringen und lieber wegbleiben.

Katzen sind intelligent. Sie brauchen aber Hilfe, bis sie begreifen, auf ihren Namen zu reagieren.

Sei freundlich

Du kannst einer Katze, genau wie Hunden, sehr viele Kunststücke beibringen, aber du musst sie freundlich und mit Respekt behandeln. Wirst du zornig, weil sie etwas falsch gemacht hat, erschreckst du sie. Sie wird dann noch weniger Lust haben, bei dir zu sein. Wenn sie nicht versteht, was du von ihr willst, darfst du sie nicht anbrüllen und schon gar nicht schlagen! Versuche es langsam und geduldig wieder und wieder. Zeigt sie das gewünschte Verhalten, musst du deine Katze sofort loben!

Nur ein geduldiger Trainer kann einer Katze etwas beibringen. Hat sie Angst oder ist abgelenkt, versuche es lieber später noch einmal.

4 Sitzen und Bitten auf Kommando

Sitzen auf Kommando

Du kannst deiner Katze wie einem Hund beibringen, sich auf Kommando still hinzusetzen. So etwas kann ganz sinnvoll sein, wenn sie eine Weile stillhalten soll, z.B. weil du sie fotografieren möchtest. Außerdem kannst du damit deine Freunde und Familie mächtig beeindrucken.

Wenn deine Katze verstanden hat, dass sie eine Belohnung dafür bekommt, wird sie rasch lernen, sich ruhig hinzusetzen.

Schon ein Kätzchen kann lernen zu sitzen.

Locke es mit einem Leckerbissen in die gewünschte Position.

Versuche es mit richtig leckeren Sachen, wie gekochtem Hähnchen oder Fisch.

1. Stell dich vor deine Katze hin und zeige ihr den Leckerbissen.
2. Halte ihn über ihren Kopf, dann muss dein Trainingspartner noch oben sehen.
3. Wenn die Katze hoch blickt, wird sie sich wahrscheinlich automatisch auf den Hintern setzen. Sage sofort „Gut!“ und gib ihr den Leckerbissen. Clevere Kätzchen werden versuchen, nach deiner Hand zu springen. Versuche es dann mit einer tieferen Position und ignoriere es so lange, bis es sitzt.
4. Diesen Ablauf übst du so lange, bis deine Katze sich setzt, wenn du die Hand hebst. Jetzt sagst du „Sitz!“, kurz bevor deine Katze sich hinsetzt.

Belohnen
Katzen lassen sich nicht so einfach trainieren wie Hunde, denn man muss sie stärker motivieren. Du musst also herausfinden, welchem Leckerbissen dein Liebling einfach nicht widerstehen kann. Wenn deine Katze nicht hungrig ist und keine Lust hat zu spielen, solltest du Leckerbissen und Spielzeug lieber beiseite stellen. Lass die Katze allein und versuche es lieber später noch einmal. Tricks erlernt sie nur, wenn ihr beide mit Freude bei der Sache seid.

Wie wäre es mit einem Tagebuch, in dem du die Fortschritte einträgst?

5. Wenn du fleißig mit ihr übst, lernt deine Katze, sich auch ohne sichtbare oder die Handbewegung hinzusetzen.

Bitten auf Kommando

Vielleicht macht es dir auch Spaß, deiner Katze „Männchen-machen“ beizubringen.

1. Besorge dir eine Belohnung, die deine Katze wahnsinnig gerne hat.
2. Halte diese Belohnung über den Kopf deiner Katze, so wie beim Kommando „Sitz!“, dann setzt sie sich hin.
3. Hebe deine Hand noch etwas an, bis sich die Katze mit den Vorderpfoten vom Boden löst. Sage „Gut!“, und gib ihr die Belohnung.
4. Wiederhole diesen Trick so lange, bis dein Kätzchen ihre Pfoten immer höher vom Boden hebt. Wenn es deine Hand anspringt, sage nichts und beginne wieder mit Schritt 2.
5. Nun müsst ihr wieder viel üben, bis deine Katze aufrecht mit erhöhten Pfoten um den Leckerbissen in deiner Hand bittet.

Es dauert sehr lange und kostet viel Geduld, bis eine Katze so hoch aufrecht steht.

Filmstars
Einige trainierte Katzen sind schon in Filmen aufgetreten. Sie können tolle Tricks, wie auf Kommando Türen öffnen oder klingeln. Fallen dir auch einige Tricks ein, die du mit viel Geduld deiner Katze beibringen kannst?

5 Dinge zurückbringen

Du kannst deiner Katze beibringen, Dinge zu holen und zurückzubringen – manche lieben diesen Trick sogar als Spiel. Alle Katzen tragen ihre Beute im Mund und Katzenmütter transportieren so ihre Babys. Es ist also völlig normal für sie, Dinge in der Gegend herumzutragen.

Allerdings kann es viel Mühe kosten, bis sie begreift, was du von ihr möchtest. Manche Katzen lernen sehr schnell, besonders Orientalische Kurzhaarkatzen wie Siam- oder Burmakatzen.

Dieses Werfen-und-Holen-Spiel ist eine gute Übung für deine Katze: Sie bleibt in Bewegung und langweilt sich nicht. Vor allem für Katzen, die immer in der Wohnung bleiben, sind solche und andere Bewegungsspiele wichtig, um in Form und gesund zu bleiben. Mit etwas Übung wird deine Katze lernen, hinter kleinen Spielzeugen her zu sausen und sie zu dir zu bringen – genau wie ein Hund!

Im Spiel nehmen fast alle Katzen ihr Spielzeug mit dem Mund auf.

Nicht nur Hunde können apportieren – auch Katzen laufen hinter Spielzeugen her und bringen sie zurück.

Jede Katze rennt hinter bewegten Objekten her. Nutze dieses Verhalten und übe Apportieren.

Schritt für Schritt

1. Zuerst muss deine Katze lernen, auf ihren Namen zu hören. Wie das geht, ist auf Seite 68-69 beschrieben.
2. Nimm ein kleines, leichtes Spielzeug, das deine Katze gerne mag. Eine kleine Stoffmaus oder ein kurzes Stück Sisalstrick sind ideal. Nun beginnt das Spiel. Ziehe oder rolle das Spielzeug über den Boden und lass deine Katze danach greifen. Je mehr das Spielzeug an eine Beute erinnert, je besser es hin und her huscht, desto intensiver wird sich deine Katze damit befassen. Bewege das Spielzeug mit verschiedenen Geschwindigkeiten hin und her oder verstecke es hinter anderen Gegenständen.
3. Wenn dein Kätzchen richtig begeistert ist, dann lass los und erlaube ihm, das Spielzeug zu packen.
5. Sobald die Katze das Spielzeug fest im Mund hat, rufst du nach ihr. Kommt sie zu dir, bietest du ihr etwas anderes – ein neues Spielzeug, einen Leckerbissen – im Austausch an.

Auf keinen Fall darfst du an dem Spielzeug zerren. Wenn die Katze mit ihrer „Beute“ wegläuft, locke sie mit einem neuen Spiel zurück. Versuche niemals, ihr die Beute mit Gewalt aus dem Mund oder den Krallen zu ziehen.

Tolle Tricks

Du kannst deiner Katze viele Tricks beibringen – du musst dir nur welche ausdenken. Dann kommt es darauf an, sie deiner Katze geschickt und geduldig zu zeigen. Hier sind einige Vorschläge:

- Pfötchen geben
- Auf den Rücken rollen
- Auf einen Stuhl springen und sitzen bleiben
- Von einem Stuhl auf einen anderen springen
- Durch einen Tunnel laufen (z.B. einen alten Pappkarton)

So verständigen sich Katzen
1 Körpersprache

Katzen können nicht sprechen, sie verständigen sich untereinander ganz anders. Von ihrer Mutter und den Geschwistern lernen schon Katzenbabys, wie die Körpersprache funktioniert, was die Bewegungen von Schwanz, Augen und Ohren bedeuten und wie sie damit andere Katzen verstehen und ihnen etwas sagen können.

Augen

An den Augen kannst du ablesen, wie sich deine Katze fühlt. Sie kann ihre Augen zu schmalen Schlitzen verengen oder mit weit offenen Augen starren.

Ist sie entspannt, wird sie ihre Augen halb schließen, sehr wenig blinzeln und das Gesicht abwenden.

Ängstliche Katzen reißen ihre Augen weit auf und haben große Pupillen – dann ist der schwarze Teil mitten im Auge groß und kugelrund.

Auch wütende Katzen sperren ihre Augen weit auf, allerdings sind ihre Pupillen zu schmalen Schlitzen verengt.

Ohren

Auch wenn die Ohren noch so klein sind, sie sind stets in Bewegung! Die beiden Ohren können sich sogar unabhängig voneinander bewegen: Eines hört nach vorne, das zweite in eine andere Richtung!

Entspannte Katzen richten ihre Ohröffnung meist nach vorne und die Ohrmuschel wird leicht nach hinten geneigt. Hören sie etwas Interessantes, richten sie die Ohren auf, um genauer zu hören.

oben: Die Ohren der Katzen stehen hoch, sind flach oder gedreht – 30 Muskeln machen es möglich.

links: Schmale Augen sind ein freundliches Signal.

Mit gestrecktem Schwanz grüßt eine freundliche Katze.

Ängstliche Katzen legen ihre Ohren flach an den Kopf. Das solltest du als Warnung verstehen: Ziehe dich lieber zurück.

Auch wütende Katzen verraten sich durch die Ohren: Sie drehen sie so weit zurück, dass man die Hinterseite der Ohren sieht; die Ohröffnung zeigt zur Seite.

Schwanz

Auch mit dem Schwanz zeigen Katzen, was sie fühlen. Freut sich dein Kätzchen, dich zu sehen? Dann läuft es sicher mit hoch erhobenem Schwanz auf dich zu. Vielleicht knickt sie dabei das Schwanzende etwas ab.

Entspannte, zufriedene Katzen lassen ihren Schwanz einfach baumeln.

Eine wütende Katze, die überlegt, ab sie angreifen soll, wedelt leicht mit dem Schwanz hin und her.

Schwanzwedeln ist immer ein Alarmsignal, nur aufgeregte oder aggressive Katzen bewegen ihren Schwanz auf diese Weise.

Manche Kätzchen zeigen mit dem Schwanz an, dass sie spielen wollen. Dann heben sie ihren Schwanz in einem Bogen nach oben (wie ein umgekehrtes U). Häufig kannst du dies beobachten, wenn sie wie verrückt durch das Haus tollen und seitwärts laufen (siehe Seite 28).

Bei wirklich wütenden oder sehr verängstigten Katzen sträuben sich alle Schwanzhaare. Sie heben den Schwanz an, damit er besonders groß aussieht, und versuchen, eine andere Katze oder einen Hund zu verjagen, von dem sie sich bedroht fühlen. Halte dich auch hier zur Sicherheit fern.

Fürchtet sich die Katze vor einem anderen Tier, macht sie einen Buckel.

2 Duftbotschaften

Katzen reiben sich an den Möbeln, um ihren persönlichen Duft zu verbreiten. Dann fühlen sie sich sicherer.

Wir finden einen Duft vielleicht angenehm oder widerlich, für Katzen sind Düfte lebenswichtig. Sie können ungeheuer gut riechen und benutzen Düfte sogar als Nachrichten untereinander.

Katzen erkennen sich am Geruch. Sie brauchen sich gar nicht zu sehen und wissen dennoch sehr genau, wer zu Besuch war und wie lange!

Auch in einer Menschenfamilie verlassen sich Katzen auf ihre Nase. Sie erkennen die Familienmitglieder eher am Geruch als am Aussehen. Hat eine Katze eine Zeit lang bei einer Familie gelebt, hat sich ihr Duft auch auf allen Menschen festgesetzt – alle Katzen und Menschen werden mit dem „Familiengeruch“ markiert.

Wenn sich eine Katze mit den Wangen irgendwo reibt, bleibt eine Duftspur zurück. Wir können sie weder sehen noch riechen, aber genau dieser Duft sorgt dafür, dass sich dein Kätzchen bei dir wohl und sicher fühlt. Du kannst auch beobachten, wie sich Katzen mit Kinn und Gesicht an Möbeln reiben. Schließlich riecht die ganze Umgebung, Menschen und Gegenstände, genau wie sie selbst – jetzt ist sie zufrieden und fühlt sich sicher.

Da solche Familiengerüche nach und nach wieder verschwinden, reiben sich die Katzen jeden Tag aufs Neue. Viele Katzen haben Lieblingsstellen, wo sie regelmäßig ihre Duftbotschaft hinterlassen. Da diese Duftmarken für uns und die Möbel völlig unschädlich sind, solltest du deine Katze ruhig ermuntern, fleißig zu markieren!

Katzen leben in einer Welt voller Düfte, drinnen und draußen.

Hier reibt sich die Katze in einer freundlichen Begrüßung an dem Mädchen.

➔ Der persönliche Katzenduft
Jede Katze hat ihren ganz persönlichen Duft. Er ist so charakteristisch wie ein Fingerabdruck und wird von anderen Katzen jederzeit wiedererkannt. Manche Medikamente verändern diesen persönlichen Geruch für eine gewisse Zeit. Daher kommt es vor, dass sich zwei Katzen nicht wiedererkennen, wenn eine beim Tierarzt war. Am besten bleibst du erst mit dieser Katze eine Zeit lang allein in einem Raum, dann darf die andere hinzukommen. So können sie sich in Ruhe wiedererkennen.

Katzen haben aber noch eine Möglichkeit, ihren Duft zu verteilen. Im Freien kratzen sie an Bäumen und Zaunpfählen herum. Dabei tritt Duft zwischen ihren Fußballen aus. Genauso machen sie es mit Urin und sogar mit Kot. Leider markieren ängstliche oder gestresste Katzen auch die Wohnung mit Urin oder Kot.

➔ Verbreitung des Duftes
Wenn du etwas Neues bekommst, z.B. ein neues Möbel für dein Zimmer oder Besuch von einem neuen Freund, gibt es einen Trick, damit sich deine Katze nicht erschrickt. Gehe mit einem sauberen Tuch zu deiner Katze und bring sie dazu, sich gründlich daran zu reiben. Dann reibst du das Tuch in Höhe des Katzengesichtes auf die Möbel oder die Beine deines Freundes. Kommt nun die Katze vorbei, erkennt sie den vertrauten Geruch und glaubt, „hier habe ich schon markiert“. Deine Katze ist dann nicht ängstlich oder aggressiv, sondern sie wird die neuen Sachen oder eine unbekannte Person wie ein Familienmitglied behandeln.

Riechen sie eine andere Katze, schnuppern sie genau, um etwas über den Fremden zu erfahren.

3 Schnurren und Miauen

Katzen können auch über Töne untereinander und mit uns „reden" – immerhin ist das „Miau" ganz typisch für eine Katze. Es gibt richtig redselige Katzenrassen. Sie „plappern" die ganze Zeit und können sogar „schreien", wenn man sie ignoriert! Die Siamkatzen gehören zu den lautesten.

Eine Katzenmutter verbringt viel Zeit damit, Laute mit ihren Babys auszutauschen. Sie ruft, wenn sie nach Hause kommt, und schnurrt, wenn die Kleinen Milch trinken. Kätzchen, die sich ängstigen, rufen nach ihrer Mutter. Möglicherweise kann eine Katzenmutter ihre Kinder sogar an der Stimme auseinander halten.

Schnurren

Zufriedene Katzen schnurren. Schon Katzen-babys können es. Sie schnurren oft, während sie bei ihrer Mutter trinken.

Beim Schnurren hält eine Katze ihren Mund geschlossen. Sie kann schnurren, ohne mit dem Atmen aufzuhören und hält daher sehr lange durch.

Geheimnisvolle Töne
Niemand weiß genau, wie das Schnurren funktioniert. Man glaubt, dass sie ihre Stimmbänder auf ganz spezielle Art bewegen und vibrieren lassen können. Ob dies wirklich so ist, bleibt ein Geheimnis der Katzen.

Miauen

Beim Miauen kann eine Katze unterschiedliche Töne erzeugen. Dazu muss sie aber den Mund öffnen – und schließen, wenn sie fertig ist. Der Klang geht vom einfachen Miau über ein Quietschen bis zum Klagen oder Singen.

Katzen, die schnurren, fühlen sich wohl, sicher und zufrieden.

Schnurrende Katzenbabys zeigen ihrer Mutter, dass sie zufrieden sind. Das Schnurren geht sogar weiter, während sie trinken.

Die meisten Katzen können ihr Miauen verändern, und „reden“ so mit ihrem Besitzer. Diese möchte gerettet werden!

Fast alle Katzen lernen, dass wir auf ihre Töne reagieren, und manchmal gelingt es uns sogar, ihren Sinn zu verstehen, da die einzelnen „Worte“ unterschiedlich klingen. Wie klingt deine Katze, wenn sie das Zimmer betritt, wie beim hinausgehen? Was sagt sie, wenn du sie fütterst, streichelst oder wenn sie sich ärgert?

Es gibt Katzenbesitzer, die 16 verschiedene Töne ihrer Katze unterscheiden können – jeder mit einer anderen Bedeutung. Verstehst du deine Katze auch so gut?

Fauchen und Knurren

Ängstliche Katzen beginnen zu fauchen, auch dann, wenn sie eine andere Katze oder einen Hund vertreiben wollen. Sie können auch knurren. Diesen Ton erzeugen sie tief in ihrer Kehle. Er ist eine deutliche Warnung, sie in Ruhe zu lassen.

Jaulen

Diesen langen, angenehm klingenden Ton erzeugen Katzen, wenn sie den offenen Mund vorsichtig schließen – so verändern sie die Tonhöhe.
Mit dem Jaulen betteln sie um Aufmerksamkeit, und wenn die Besitzer nicht aufpassen, kann das störend sein. Am Tag hört sich solch ein Lied vielleicht angenehm an, aber nicht mitten in der Nacht, wenn man versucht zu schlafen.

Seltenes Brüllen

Dein Stubentiger kann nicht brüllen wie ein Löwe. Das liegt an der Kehle des Löwen, die anderes geformt ist als bei einer Hauskatze und so Brüllen ermöglicht.

Mit Fauchen und Knurren versuchen Katzen, Menschen und andere Tiere zu verjagen.

So redest du mit deiner Katze

Menschen verständigen sich über die Sprache. Wir rufen, lachen, flüstern, weinen und plappern, wenn wir uns erzählen wollen, wie es uns geht. Katzen benutzen dazu die Körpersprache, ohne einen Laut von sich zu geben. Nur ganz selten „unterhalten“ sie sich durch Töne: Sie schnurren, wenn sie zufrieden sind, sie zeigen sich fauchend ihren Ärger und rufen, wenn sie einen Partner suchen.

Wenn du lernst, die Körpersprache deiner Katze zu verstehen, kannst du ihr auch besser mitteilen, was du möchtest. Es gibt Katzenbesitzer, die sich so gut mit ihrer Katze verständigen, dass eine echte Unterhaltung möglich ist. Ganz ohne Worte, denn Katzen verstehen keine Menschensprache – außer einigen Worten, wie ihren Namen und das Wort „Futter“! Wenn du dich mit deiner Katze unterhalten möchtest, musst du handeln wie eine Katze und mit Körper und Gesicht sprechen.

Du kannst dich mit deiner Katze unterhalten, wenn du genau ihren Gesichtsausdruck und die Bewegungen nachmachst.

So redest du mit deiner Katze

1. Fang damit an, wenn ihr beide ruhig und entspannt zusammen seid.
2. Beobachte genau, was deine Katze macht. Schaut sie dich an, macht die Augen schmal und schaut weg?
3. Mach jetzt genau das Gleiche: Augen leicht zu und den Kopf zur Seite drehen.
4. Wahrscheinlich sieht dich deine Katze nun wieder an und wendet sofort den Kopf wieder weg.
5. Antworte weiter auf diese Weise. Versuche zusammen mit ihr ein- und auszuatmen, mache ihre Körper- und Gesichtsbewegungen nach und bleibe ganz leise.

Katzen lernen die Familienmitglieder am Duft zu erkennen. Sie reiben sich an ihnen, damit sie den gemeinsamen Duft annehmen.

Die Macht des Duftes

Du darfst aber nicht nur mit deinem Körper sprechen, es ist genauso wichtig, richtig zu duften! Da Katzen sich an allem in ihrer Umgebung reiben und mit dem Familienduft parfümieren, erkennen sie uns wieder und fühlen sich an uns gebunden. Dieses Verhalten kann dir helfen: Ermuntere deine Katze, sich so oft wie möglich an dir zu reiben, denn wir zerstören den Familienduft immer wieder, wenn wir uns waschen oder ein Deo benutzen.

Damit sich dein Kätzchen gründlich mit Gesicht und Kinn an dir reibt, musst du warten, bis sie freiwillig kommt. Es wären schlechte Katzenmanieren, wenn du einfach hingehst und sie zu zwingen versuchst. Also, setz dich hin, lass die Hand herabhängen und warte ab. Irgendwann wird dein Kätzchen kommen und sich an der Hand reiben. Nun kannst du es sanft im Gesicht und hinter den Ohren streicheln. Damit verteilst du den Duft noch besser.

➔ Katze und Hund

Katzen können sich nicht nur untereinander und mit uns verständigen, sondern auch mit anderen Tieren, wie Hunden. Wenn ihr auch einen Hund habt, müsst ihr darauf achten, dass er niemals Jagd auf die Katze macht, sonst wird sie sich fürchten. Katzen und Hunde können sich aneinander gewöhnen und Freunde werden. Manche Katzen reiben sich an ihren Hundefreunden, damit auch sie den Familienduft annehmen. Viele begrüßen sich freundlich, wenn sie sich lange nicht gesehen haben. Es gibt Katzen und Hunde, die im selben Bett schlafen oder zusammen essen.

Regelmäßiges Füttern stärkt die Bindung zwischen dir und deiner Katze – Freunde essen zusammen!

Ängstliche Katzen reiben sich lieber an den Beinen von Menschen; auch eine hungrige Katze, die sieht, dass du ihr Futter bringst, wird an deinen Beinen vorbeistreichen. Wenn das die einzige Gelegenheit ist, bei der sich deine Katze an dir reibt, solltest du dir möglichst lange Zeit für das Füttern nehmen, damit sich der Duft gut überträgt.

Ungewollte Freundschaft

Vielleicht ist dir schon aufgefallen, dass gerade Menschen, die keine Katzen leiden können, von deiner Katze besonders bedrängt werden, wenn sie zu Besuch kommen! Das liegt an falsch gemeinter Körpersprache: Wenn wir etwas nicht mögen, wenden wir den Kopf ab und machen die Augen schmal – für eine Katze bedeutet dies aber eine Einladung zu kommen!

An der Körpersprache siehst du, dass sich diese beiden Katzen voreinander fürchten. Es kann sogar zu einem Kampf kommen, weil sie versuchen, den anderen zu verjagen.

Freundschaft knüpfen

Anders als Hunde leben Katzen nicht in Gruppen zusammen. In der Wildnis bleiben sie für sich alleine, ohne Kontakt zu anderen Katzen, und sind nicht auf Artgenossen oder Familie angewiesen. Nur in der Paarungszeit treffen sich die Wildkatzen, danach geht jede wieder ihre eigenen Wege. Das ist bei Hauskatzen anders. Vor allem Geschwister, die sich seit der Geburt kennen, scheinen sich miteinander anzufreunden. Befreundete Katzen verbringen viel Zeit miteinander. Sie reinigen sich gegenseitig das Fell, belecken sich und schlafen eng nebeneinander – beide haben schließlich einen gemeinsamen Duft, sodass jede von ihnen glaubt, Teil derselben Familie zu sein.

Katzen begrüßen sich über Duft und Gesichtsausdruck.

So begrüßt du eine scheue Katze

Wenn deine Katze sehr scheu ist, hat es wenig Zweck, sie unter Druck zu setzen. Versuche lieber, sie durch Körpersprache auszutricksen: Halte dich im selben Raum auf, bleib aber völlig unbeteiligt. Kommt sie auf dich zu, drehe den Kopf zur Seite und kneife deine Augen zusammen. Aus dem Augenwinkel kannst du sehen, ob sie dir schon traut und näher kommt.

Ein scheues Kätzchen beruhigst du mit Futter und sanftem Streicheln.

Essen verbindet

Ist dein Kätzchen sehr nervös und scheu? Dann streichele und kraule es, während es isst. Auf diese Weise verbindet die Katze etwas Angenehmes mit dir und deiner Berührung und ihr werdet sehr bald Freunde sein.

Suche etwas besonders Leckeres aus und stelle den Napf erhöht, dann fühlt sie sich sicherer. Streichele sie zwei bis drei Mal vom Kopf bis zum Schwanz, fest aber sanft. Sobald sie sich unwohl fühlt und wegspringen möchte, musst du sofort aufhören und dein Kätzchen in Ruhe lassen.

Spiel und Spaß

1 Spiele für die Wohnung

Viele Katzen bleiben längere Zeit in der Wohnung. Vielleicht ist das Wetter draußen zu schlecht oder es wäre gefährlich, sie rauszulassen. Aus welchem Grund auch immer, so lange du sie beschäftigst, fühlt dich deine Katze auch in der Wohnung wohl. Lebt deine Katze ausschließlich in der Wohnung, ist sie sogar auf Spiele angewiesen, sonst wird sie sich langweilen.

Jagdspiele

Im Freien jagen Katzen hinter allem her, was sich bewegt, von Insekten bis zu Blättern, die vom Wind getrieben werden – als würden sie „echte" Beute jagen. Überlege dir Spiele, bei denen dein Stubentiger auch in der Wohnung Beute machen kann.

Für alle Jagdspiele gelten strenge Regeln, vor allem darf dein Kätzchen niemals dich, deine Hand oder deine Füße angreifen. Katzen haben

Sicher spielen!

Es ist besonders wichtig, dass du stets vorsichtig und sicher spielst. Weder du, deine Katze, noch sonst jemand darf sich aus Versehen verletzen. Beachte einfach die folgenden Regeln für drinnen und draußen:

- Verwende immer nur Katzenspielzeuge, die nicht zerbrechen können und dann deinem Liebling weh tun würden.
- Stoße niemals gegen den Körper deiner Katze und zerre nicht an ihr.
- Spiele immer nur mit deinen Sachen oder den Katzenspielzeugen – stell dir den Ärger vor, wenn ihr aus Versehen etwas Wertvolles kaputt macht.
- Spiele niemals in der Nähe von Wasser. Vor allem nicht neben tiefen Gartenteichen oder der Badewanne.
- Katzen erschrecken leicht bei plötzlichem Krach. Wenn du eine Party feierst, gehört dein Kätzchen in einen anderen, ruhigen Raum. Platzende Ballons oder Feuerwerk können Katzen in Panik versetzen.

Kätzchen spielen in, auf und mit fast allem!

scharfe Krallen und reagieren sehr schnell. Erwachsene Katzen werden immer stärker. Wenn eine ausgewachsene Katze mit den Krallen zuschlägt, kann sie tiefe Wunden reißen.

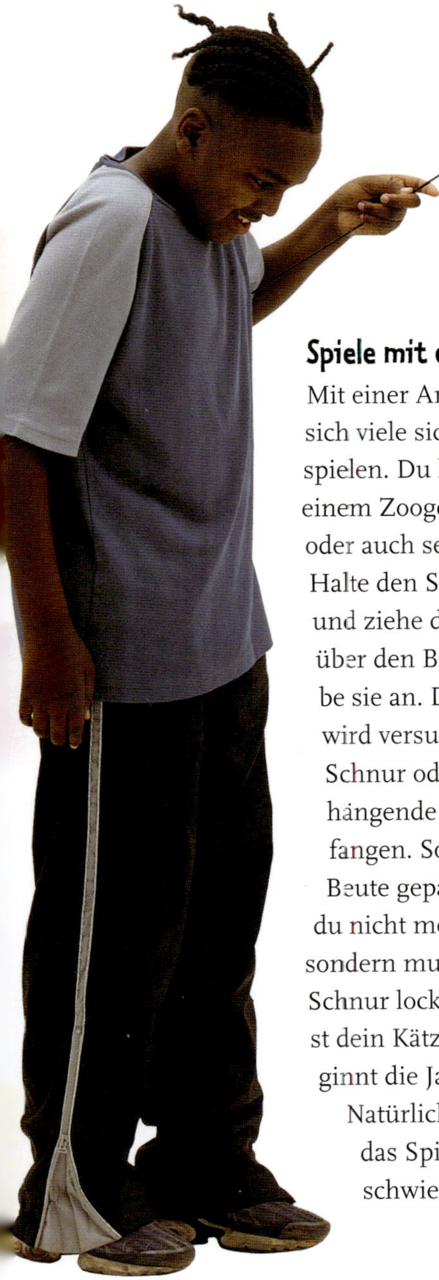

So baust du ein Angelspielzeug

1. Besorge dir einen rund 25 cm langen Stock oder einen Bambusstab. Ist er zu lang, bitte einen Erwachsenen, ihn sauber zu kürzen.
2. Umwickele die Enden des Stockes dick mit Klebeband; sie dürfen auf keinen Fall spitz sein.
3. An ein Ende bindest du eine lange Schnur – jetzt sieht das Ganze schon aus wie eine Fischerangel.
4. Jetzt kannst du aufregende Dinge an die Schnur binden – z.B. Federn, Fäden oder ein Katzenspielzeug. Die Angel ist nun fertig und du kannst sie vor deiner Katze auf und ab bewegen und deine Katze wird sie begeistert jagen.

Spiele mit der Angel

Mit einer Angel lassen sich viele sichere Spiele spielen. Du kannst sie in einem Zoogeschäft kaufen oder auch selbst basteln. Halte den Stock hoch und ziehe die Schnur über den Boden oder hebe sie an. Deine Katze wird versuchen, die Schnur oder das daran hängende Spielzeug zu fangen. Sobald sie ihre Beute gepackt hat, darfst du nicht mehr ziehen, sondern musst die Schnur locker lassen. Lässt dein Kätzchen los, beginnt die Jagd aufs Neue. Natürlich kannst du das Spiel auch noch schwieriger machen.

Eine Angel ist ein perfektes Spielzeug: Sie macht dir und deiner Katze Spaß und sie hält Abstand zwischen deinen Händen und den scharfen Zähnen und Krallen deiner Katze.

Ziehe die Schnur langsam vor deiner Katze entlang und verstecke sie hinter dem Sofa oder einer Tür. Jetzt wird sich die Katze vorsichtig anschleichen und die Schnur mit einem Satz erbeuten.

Ball rollen

Viele Katzen jagen mit Begeisterung hinter einem Ball her. Katzenbälle sind meist hohl und leicht, oft auch mit einem Glöckchen oder Duftstoffen im Innern, damit sie noch aufregender werden. Wenn du den Ball über den Boden rollst, wird dein Kätzchen ihn verfolgen.

Leider ist das Spiel zu Ende, wenn der Ball unter einem Schrank festklemmt. Wenn du es leid bist, ständig unter Möbel zu kriechen, dann lege den Ball in einen großen, oben offenen Pappkarton. Darin kann deine Katze nach Herzenslust jagen, ohne dass der Ball verschwindet.

Säckeweise Spaß

Eine stabile Papiertüte (niemals eine Plastiktüte!) ist ein sehr preiswertes Spielzeug. Für Katzen wird die Sache noch spannender, wenn du die Tüte vorsichtig aufbläst (nicht zubinden, sie darf nicht platzen!). Nun kann deine Katze die Tüte anspringen. Lege einen Ball oder etwas Trockenfutter in die Tüte und schau zu, wie dein Kätzchen alles herausholt.

Suchspiele

Katzen suchen gerne nach Beute. Dazu benutzen sie Augen, Ohren und ihre Nase. Die schönsten Suchspiele fordern alle Sinne deiner Katze heraus.

Finde die Belohnung

Das ist ein sehr einfaches Spiel. Nimm dir eine Leckerei, die deine Katze wirklich liebt, z.B. einen Katzenleckerbissen aus dem Zoogeschäft. Während deine Katze nicht im Zimmer ist, versteckst du die Belohnung. Nun darf sie suchen.

Am Anfang solltest du ihr helfen, denn deine Katze kennt das Spiel noch nicht. Locke sie gezielt in die Nähe des Verstecks. Wenn sie weiß, wie das Spiel funktioniert, suchst du schwierigere Verstecke.

Die Bälle müssen so groß sein, dass sie deine Katze nicht aus Versehen verschluckt.

So baust du eine Spielschnur

1. Suche einige sichere Spielzeuge zusammen, z.B. Federn, Spielzeugmaus, einen alten Tennisball oder einen anderen hohlen Plastikball.
2. Nun bittest du einen Erwachsenen, diese Dinge fest an eine Schnur zu binden. Kleine Objekte werden mit dünner Schnur angebunden, durch größere, wie den Ball, führt die Schnur hindurch (zwei Löcher bohren und die Schnur durchfädeln). Die Schnurenden werden zusammengebunden.
3. Die fertige Spielschnur wird beweglich aufgehängt, z.B. an einen Türgriff oder einen Treppenpfosten. Zieht deine Katze an einem Spielzeug, rutscht die Schnur ein Stück weiter und das nächste Spielzeug erscheint – aufregend! Dein Kätzchen wird mit Begeisterung weiter an der Spielschnur ziehen.

Futter verteilen

Wenn du deine Katze mit Trockenfutter fütterst, kannst du eine Art Jagd veranstalten. Statt alles in einen Napf zu füllen, wirfst du ihr einzelne Stücke zu, auf die sie sich stürzen kann. Allerdings müssen die Stückchen in der Nähe ihres Napfes landen und du solltest am Anfang auch nur wenig verteilen. Deine Katze soll Spaß an dem Spiel haben und nicht um jeden Bissen kämpfen müssen. Hat sie kapiert, dass sie einen Teil ihres Essens neben dem Napf suchen muss, kannst du die Futterstücke auch weiter verteilen. Frage aber zur Sicherheit vorher deine Mutter, was sie von diesem Spiel hält!

Katzen-Spielplatz

Wenn deine Katze immer in der Wohnung bleibt, muss sie dort alles tun können, was ihre Artgenossen im Freien unternehmen. Sie braucht Platz, um zu rennen, zu springen, zu klettern und zu „jagen".

Ideal ist ein Katzen-Spielplatz mit Kratzbaum, Plattformen, Hockern, Pfosten und Spielzeugen. Deine Katze kann dort auf verschiedene Höhen klettern, Dinge auskundschaften, auf einer hohen Plattform schlafen oder beobachten, was sich in der Wohnung tut. Zoogeschäfte bieten solche Geräte fertig an, aber sie sind meist teuer. Mit der Hilfe eines Erwachsenen kannst du es aber selbst bauen.

oben: Verstecken spielen! An einem alten Karton haben Kätzchen lange Freude.

links: Hier lernt die Katze Kunststücke wie im Zirkus.

2 Katzen im Freien

Katzen sind an ein freies Leben angepasst. Sie jagen und spielen, und doch ist der erste Ausflug nach draußen eine merkwürdige Erfahrung.

Bevor deine Katze gefahrlos ins Freie darf, muss sie alle Schutzimpfungen bekommen haben. Solche Schutzimpfungen, die alle drei Monate oder einmal pro Jahr erforderlich sind, schützen deine Katze vor ansteckenden Krankheiten.

Selbst wenn deine Katze schon alle Impfungen bekommen hat, bevor sie zu dir kam, muss sie noch drei bis vier Wochen in der Wohnung bleiben, erst dann darf sie ins Freie gehen. In dieser Zeit lebt sie sich in der neuen Wohnung ein, lernt alles kennen und wird nach den Ausflügen ins Freie gerne wieder zurückkommen.

Am Anfang hast du vielleicht noch etwas Angst, wenn deine Katze „auf Abenteuer“ geht, aber Katzen finden immer wieder nach Hause zurück.

Gefahren

Natürlich lauern draußen Gefahren auf deine Katze. Am gefährlichsten ist der Straßenverkehr. Wenn ihr neben einer befahrenen Straße wohnt, sollte deine Katze nicht alleine draußen herumlaufen – zu

Das erste Mal draußen

1. Lass deine Katze zu Tagesbeginn nach draußen. Sie kann sich so in Ruhe im Freien umsehen und kommt dennoch rechtzeitig im Hellen zurück nach Hause.
2. Bitte einen Erwachsenen, etwas Leckeres, stark riechendes für deine Katze zu kochen – Fisch ist ideal – bevor sie ins Freie darf. Gib ihr noch nichts davon zu essen, sondern erst als Belohnung, wenn dein Abenteurer vom Freilauf zurückkommt.
3. Wenn du deine Katze ins Freie lässt, öffne nur die Tür und lass sie allein gehen. Trage sie nicht hinaus. Das hat zwei Gründe: Vielleicht fühlt sich dein Kätzchen noch nicht sicher genug und möchte erst ein wenig Ausschau halten, um später zu gehen. Der zweite Grund sind die Duftdrüsen zwischen den Pfotenballen. So hinterlässt sie eine Duftspur, der sie auf dem Rückweg folgen kann.
4. Ist dein Kätzchen selbstbewusst und geht alleine nach draußen, dann begleite es ein Stück. Rede mit ihm, vielleicht möchte es auch spielen. Wenn nicht, dann lass es in Ruhe die Lage erkunden.
5. Gehe nach ein paar Minuten ins Haus zurück und locke das Kätzchen mit hinein. Zur Belohnung gibt es dann etwas von dem leckeren Essen, das vorher gemacht wurde.
6. Wiederhole diese Schritte jeden Tag. Nach und nach sollten die Zeiten im Freien länger werden, bis du deine Katze zum Essen zurückrufst. Schließlich wird es deiner Katze gefallen, ganz allein draußen zu sein. Sie wird zurückkommen, wenn sie Lust dazu hat. Wenn ihr eine Katzenklappe eingebaut habt (siehe Seite 64–65), kann sie sogar von sich aus kommen und gehen.

gefährlich. Entweder führst du sie an einer Leine spazieren, oder ihr baut einen sicheren Zaun um euren Garten. Katzen können aber hervorragend klettern und schaffen locker einen 2,50 m hohen Zaun.

Da die meisten Unfälle nachts passieren, ist es am sichersten, wenn deine Katze am Tag ins Freie darf und nachts im Haus bleibt.

Ehe sich deine Katze draußen wirklich sicher fühlt, vergeht einige Zeit. Am Anfang trauen sich die Kätzchen nicht, eine Katzentoilette im Freien zu benutzen, denn damit verraten sie anderen Katzen in der Nachbarschaft, dass ein neuer Mitspieler im Feld ist. Daher solltest du ihr immer erlauben, das Katzenklo in der Wohnung zu benutzen.

Draußen gibt es viele neue Erfahrungen und manche Überraschung. Dieses Kätzchen spuckt die Samen einer Pflanze aus, die sie probiert hat.

Pflanzen

Von Zeit zu Zeit essen Katzen Gras, das ist ganz natürlich. Es hilft ihnen, sich zu übergeben, wenn es nötig ist. Obwohl manche Katzen gerne Zimmerpflanzen anknabbern, besteht diese Gefahr draußen kaum.

Katzen lieben die Insekten am offenen Wasser und beobachten die Fische.

Katzenminze
Es gibt eine Gartenpflanze, der kaum eine Katze widerstehen kann, die Katzenminze (*Nepeta cataria*). Ihre Wirkung ist verblüffend, die Katzen sind verrückt danach, rollen sich in den Blättern und reiben sich mit dem Duft ein. Zum Glück ist diese Pflanze völlig harmlos.

Chemikalien

Leider zieht es viele Katzen in Garagen und Gartenschuppen, wo oft Chemikalien und andere Gifte herum stehen. Wenn sie eine fremde Substanz essen oder trinken, besonders übel sind Frostschutzmittel, kann es gefährlich werden. Sobald du den Verdacht hast, deine Katze könnte sich vergiftet haben, musst du mit ihr zum Tierarzt gehen.

Katzen finden Kröten lustig, aber Krötenhaut schmeckt widerlich und kann giftig sein.

Für ein Kätzchen gibt es im Garten unendlich viel zu erkunden. Sie lieben es, mit Blättern zu spielen.

Manchmal finden Katzen Kröten oder Frösche und wollen mit ihnen spielen. Kröten können auf ihrer Haut Gift bilden, das sehr unangenehm schmeckt. Beißt die Katze zu, können sich Bläschen und Schaum in ihrem Mund bilden.
Natürlich ist es nicht ungefährlich für eine Katze, auf Erkundung ins Freie zu gehen. Aber die Freude, die Kätzchen und Katzen beim Spielen, Rennen, Springen und Klettern im Freien erleben, ist ein wichtiger Teil ihres Lebens.

Andere Katzen

Jede Katze verteidigt ihr Revier. Deine Katze betrachtet euren Garten als Eigentum. Obwohl sich Katzen lieber aus dem Weg gehen, kommt es manchmal zu Kämpfen.

Andere Tiere

Katzen können von Bienen oder Wespen gestochen werden. Das tut zwar weh, ist aber nicht gefährlich – sicher ist deine Katze beim nächsten Mal vorsichtiger!

Katzen sind sehr beweglich und halten ausgezeichnet Balance. Daher können sie auf Bäume klettern oder über schmale Äste und Zäune balancieren.

Katzen an der Leine

Manche Katzenbesitzer bringen ihrer Katze bei, an Halsband und Leine zu gehen, weil sie Angst haben, der Katze könnte draußen etwas passieren, oder weil sie ihre Katze mit in den Urlaub nehmen möchten. Es ist viel schwieriger, eine Katze an die Leine zu gewöhnen als einen Hund.

Daher solltest du schon mit dem Training beginnen, wenn dein Kätzchen noch ganz klein ist. Nur wenn du viel Geduld mitbringst, wird es dir gelingen. Besorge dir im Zoogeschäft ein Halsband oder ein Geschirr, das du an die Größe deiner wachsenden Katze anpassen kannst. Achte auf weiche, glatte Verarbeitung, denn die Riemen dürfen deiner Katze nicht weh tun.

Bevor du mit ihr spazieren gehst, muss sich deine Katze vollständig an ihr Geschirr gewöhnt haben und alleine damit herumlaufen. Außerdem müsst ihr beiden lange und oft in der Wohnung üben, denn draußen gibt es zu viel Dinge, die deine Katze erschrecken könnten.

1. Lege deinem Kätzchen vorsichtig das Halsband oder Geschirr an – es darf sich nicht erschrecken. Wenn es sich wehrt oder wegläuft, bitte einen Erwachsenen dir zu helfen, oder warte ab, bis deine Katze durch ihr Essen abgelenkt ist.
2. Erst wenn du ganz sicher bist, das sich dein Kätzchen mit dem Geschirr völlig normal und ruhig bewegt, kannst du versuchen, ihm die Leine anzulegen. Lege ihm das Geschirr regelmäßig vor dem Essen an, spiele mit ihm und streichele es – jedes Mal ein paar Minuten. Dann wird es glauben, das Geschirr ist eine Art von Belohnung.

Katzen lieben es, völlig frei draußen zu sein. Lass sie aber nur ins Freie, wenn keine Gefahren drohen.

Bis eine Katze wie hier mit Geschirr und Leine geht, ist viel Zeit und Geduld nötig.

3. Nach einigen Tagen trägt die Katze das Geschirr länger, immer in der Wohnung und immer unter deiner Aufsicht. Trägt sie das Geschirr völlig entspannt und ruhig, bindest du eine leichte Schnur daran fest. So gewöhnt sich deine Katze daran, dass etwas an ihrem Geschirr hängt.
4. Nun darfst du das Ende der Schnur fest halten. Deine Katze muss sich frei bewegen können und du darfst nicht an der Schnur ziehen. Rennt sie weg, lass die Schnur los. Die Katze darf nicht mit dem Ende der Schnur spielen, sonst wird sie später niemals ruhig an der Leine laufen.
5. Jetzt läuft deine Katze also ruhig mit dünner Schnur und Geschirr umher. Der nächste Schritt ist eine festere Schnur oder eine lange, leichte Leine. Lege ihr die Leine nur für kurze Zeit und nur im Haus an. Es sollte ihr wie ein lustiges Spiel vorkommen.
6. Erst wenn sich deine Katze völlig an das Gefühl von Halsband und Leine gewöhnt hat, kannst du sie in den Garten lassen. Es ist wichtig, dass du alles ganz langsam und geduldig angehst. Dein Kätzchen sollte sich an die neuen Gerüche, Anblicke und Geräusche gewöhnen. Versuche nicht, sie zu führen, sondern gehe ihr mit der Leine hinterher.

3 Andere Aktivitäten

Diese Rassekatze ist ein Siegertyp – ein Foto lohnt sich aber von jeder Katze!

Katzenausstellungen

Manchen Katzenliebhabern reicht es nicht, ihre Katze nur zu bewundern – sie möchten auch anderen Menschen ihre Schönheit zeigen. Katzenshows werden auf der ganzen Welt veranstaltet, und das nicht nur für teure, reinrassige Tiere. Vielleicht findet ganz in deiner Nähe eine kleinere Ausstellung statt, an der auch normale Hauskatzen teilnehmen dürfen.

Gefällt dir die Idee? Dann solltest du deine Katze daran gewöhnen, angefasst zu werden und stets selbstbewusst zu sein. In den meisten größeren Shows sitzen die Katzen in speziellen Käfigen, an denen viele Zuschauer vorbeilaufen. Wenn eine Katze nicht daran gewöhnt ist, vielen Menschen zu begegnen, wird sie sich sehr fürchten. Die Preisrichter nehmen sie heraus, um sie zu begutachten. Oft verlangen die Regeln, dass der Besitzer nicht helfen darf – deine Katze muss also sehr gerne mit fremden Menschen umgehen.

Katzenausstellungen werden in regionalen Anzeigenblättern, in Tierzeitschriften, Zoohandlungen, manchmal auch beim Tierarzt angekündigt. Wahrscheinlich musst du ein Anmeldeformular ausfüllen und bekommst dann schriftlich die Teilnahmebedingungen.

Wie du deine Katze auf eine Show vorbereitest, richtet sich nach der Art ihres Fells.

Das Gewimmel auf einer Katzenshow entsteht, weil sich Besitzer, Besucher und Preisrichter um die Käfige drängen.

Es kommt darauf an, dass ihr Fell sauber, staubfrei und nicht verfilzt ist – es muss vor Gesundheit nur so glänzen. Eine langhaarige Katze solltest du baden und mehrere Stunden lang säubern, bürsten und kämmen, dann sieht sie perfekt aus.

Für den Sieger gibt es eine Plakette oder einen Preis. Sicher wäre es aufregend, einen Preis zu gewinnen, aber verzweifele nicht, wenn es nicht klappt – für dich ist deine Katze ohnehin die beste und liebste der ganzen Show!

Geschicklichkeitstest

Manche Katzen haben gelernt, über einen Hindernisparcours zu laufen. Möchtest du die Geschicklichkeit deiner Katze testen, kannst du es auch versuchen: Lege ein niedriges Hindernis auf den Boden und locke deine Katze mit einem Leckerbissen oder einem Spielzeug darüber. Nach und nach kannst du das Hindernis erhöhen, bis deine Katze richtig springen muss. Wenn sie den Hochsprung sicher beherrscht, kommen neue Hindernisse dran. Sie könnte über eine Schräge laufen oder durch einen Tunnel aus Kartons kriechen.

Katzenfotos

Es kann sehr schwierig sein, eine Katze zu fotografieren, denn viele sind quicklebendig und sehr schnell. Wenn du deiner Katze beibringst, wie man sitzt (siehe Seite 70), dann kannst du Nahaufnahmen von ihren verschiedenen Gesichtsausdrücken machen.

Fotografieren macht außerdem viel Spaß. Versuche einmal, sie bei möglichst vielen Aktivitäten aufzunehmen, wie sie anschleicht, rennt oder springt. Es dauert nicht lange und dein niedliches, kleines Kätzchen ist ein ausgewachsener Stubentiger. Ein paar schöne Fotos wären dann eine tolle Erinnerung!

Es gibt sogar Katzen, die nicht nur für ein paar Fotos posieren, sondern die in Filmen und Fernsehsendungen mitspielen. Allerdings wurden solche Tiere lange trainiert, damit sie in dem Gewimmel von vielen Menschen, Kameras, hellem Licht und den lauten, fremden Geräuschen völlig gelassen bleiben. Wenn deine Katze ein paar schöne Tricks gelernt hat, kannst du sie mit einer Videokamera aufnehmen und den Film deinen Freunden zeigen.

Du kannst dir tolle Hindernisse auch selbst ausdenken; hier z.B. ein Tunnel aus einem alten Hosenbein.

Schlusswort

Früher hielten die Menschen Katzen, weil sie einen wirkungsvollen Mäusejäger brauchten, der ihre Vorräte bewachte. Heute haben wir Katzen, weil wir ihre Zuneigung und die Freude lieben, die sie bringen. Obwohl sie in unseren Häusern leben, sind sie tief im Herzen immer noch wilde Tiere.

Kätzchen sind voller Energie und sehr verspielt. Diese Zeit ist rasch vorbei, schon bald hat sich das niedliche Fellknäuel in eine elegante, kraftvolle Katze verwandelt. Sie wird immer noch gerne bei dir sein und mit dir spielen, aber sie ist auch unabhängig und braucht ein eigenes Leben.

Ein Katzenbaby lernt in den ersten paar Lebenswochen alles über die Menschen und ihr Leben. Es lernt, dass wir das Essen bringen und einen Schlafplatz einrichten, dass wir es lieben. Aber jede Katze gibt auch etwas dafür – Freundschaft, die ein Leben lang dauern kann. Katzen lieben es, zusammengerollt neben dir zu liegen, wenn du traurig bist, aber sie sind auch bereit zu wilden Spielen, wenn du Lust dazu hast. Deine Katze wird wissen, wie du dich fühlst! Wenn du dieses Buch liest, wirst du lernen, was Katzen können und was ihre Körpersprache bedeutet; du wirst lernen, ein wenig von den Gefühlen deiner Katze zu verstehen. Dann ist es nicht mehr nötig, für alles ein Wort zu finden, wenn man sich etwas sagen möchte!